Das Buch
In analytisch fundierten Beiträgen durchleuchtet die marxistische Publizistin aktuelle wirtschaftliche Interessenkämpfe, spürt den Motiven sozialer Konflikte nach, schaut hinter die Kulissen wirtschaftspolitischer Entscheidungen. Das Spektrum der Themen reicht von der Rolle der Sozialdemokratie bei der profitdiktierten Umgestaltung Europas über die Teuro-Debatte und Deflationsgefahren bis zur Krise in Argentinien und zu den Folgen aktueller US-Kriegspolitik. Es geht um Sozialraub und Widerstand, um Rente und Gesundheit, um die internationalen Finanzmärkte und Ursachen und Auswirkungen des Börsencrashs. Es sind Texte, die den Irrsinn einer scheinbaren Normalität verdeutlichen, in Anspruch und Absicht aber weit über die Forderung nach Bändigung und Regulierung des neoliberal entfesselten Kapitalismus hinausgehen.

Die Autorin
Sahra Wagenknecht, geboren 1969 in Jena, seit 1990 Studium der Philosophie und Neueren Deutschen Literatur, 1996 Abschlußarbeit über die Hegelrezeption des jungen Marx. Derzeit Arbeit an einer Dissertation im Fach Volkswirtschaftslehre. 1989 Beitritt zur SED, von 1991 bis 1995 sowie seit Oktober 2000 Mitglied im Parteivorstand der PDS. Sie veröffentlichte unter anderem: *Antisozialistische Strategien im Zeitalter der Systemauseinandersetzung* (1995), *Vom Kopf auf die Füße: Das Problem einer dialektisch-materialistischen Wissenschaftsmethode* (1997), *Die Mythen der Modernisierer* (2001).

Sahra Wagenknecht

Kapitalismus im Koma
Eine sozialistische Diagnose

edition ost

Die Texte auf den Seiten 5-122 wurden als Wirtschaftskolumne in der Tageszeitung „Junge Welt" erstveröffentlicht. Einige von ihnen wurden von der Autorin für dieses Buch stilistisch überarbeitet, zum Teil auch ergänzt, jedoch nicht aktualisiert. Der Text auf den Seiten 106-110 ist um einige Passagen der (ausführlicheren) Fassung in der Zeitschrift „konkret", Heft 7 (2003) ergänzt worden.

ISBN 3-360-01050-7

2. Auflage
© 2003 Das Neue Berlin Verlagsgesellschaft mbH
Rosa-Luxemburg-Str. 39, 10178 Berlin
Umschlagentwurf: Peperoni Werbeagentur, Berlin
Printed in Germany

Die Bücher der edition ost im Verlag das Neue Berlin
erscheinen in der Eulenspiegel Verlagsgruppe.

www.edition-ost.de

Inhalt

Wirtschaftskolumnen

Auf Schrumpfkurs	7
Pharma bei bester Gesundheit	10
Tödlicher Schaum	13
Zweckoptimisten	16
Lohnpulle leer	19
Teuro-Gefühle	22
Der große Bluff	25
Schurkenparabel	28
Professionell geschmiert	31
Abwärtssog	34
Profitable Fluten	37
Der Boss und sein Kanzler	40
Hundts Erwartungen	43
Umverteilung via Börse	46
Gruselkatalog	49
Steuerdrama, x-ter Akt	52
Kommissionsunwesen	55
Rentenklau	58
Weihnachtsgabe	61
Kampf ums Öl	65
Flaute überall	69
Voodoo-Ökonomie	72
Kurzzeitgedächtnis	76
Wirtschaftskrieg	79
Thatcher soft	83
Deflationsgefahren	86
Produktivitätslegende	89
Schuldturm	93
Hilfstruppen	96
Überraschungen	100

Zinsen und Margen 103
Zahnlücken 106
Beschenkte Millionäre 111

Notizen zur Unterzeichnung des Koalitionsvertrages zwischen SPD und PDS in Berlin

„Drecksarbeit" 114

Sozialismus statt Barbarei 123

Enduring Freedom 125
Politischer Außendienst 128
Explosives Marketing 132
Wohlstandsinseln 136
Profitable Zerstörung 141
Selbstmord der Märkte 143
No Alternative? 148
Ein neues Europa 157

Auf Schrumpfkurs

Schrumpft sie oder schrumpft sie nicht, – diese in der Ökonomenzunft rege diskutierte Frage ist seit einer Woche amtlich entschieden: sie schrumpft. Nach einer sogenannten „Roten Null" im zweiten Quartal 2001 ist die deutsche Wirtschaftsleistung im dritten Quartal um 0,1 Prozent zurückgegangen. Otto Normalverbraucher wird diese Nachricht weniger intensiv bewegen. Seine Bezüge schrumpfen zumeist schon länger und um weit erheblichere Beträge. Wer beispielsweise unter die noch in Zeiten sonniger Konjunktur im produktiven Arbeitsbündnis zwischen Hundt und Schröder (Gewerkschafter waren als Unterhaltungseinlage zugelassen) ausgekungelten Metall- und Chemietarifverträge fiel, verlor in diesem Frühjahr mindestens ein Prozent seines Einkommens. Um etwa diese Quote nämlich überstieg die Inflation das festgelegte Plus bei den Löhnen. Von der Gehaltskurve all jener, deren Einkommen längst kein Tarifvertrag mehr regelt, nicht zu reden. Auch die Zahl der Firmenpleiten ist in den zurückliegenden Jahren ohne nennenswerte konjunkturelle Schwankungen von einem Rekord zum nächsten geklettert.

Freilich: Was sind einige zehntausend insolvente Klitschenbesitzer gegen die aktuellen Nöte von Deutsche Bank Vorstand Breuer, der seinen Aktionären erklären muß, weshalb das noble Haus in den ersten 3 Quartalen 2001 einen mickrigen Gewinn von gerade 5,3 Milliarden Mark eingefahren hat. Im gleichen Vorjahreszeitraum waren es immerhin noch 8,7 Milliarden. Ähnliche Sorgen, wenngleich weniger drastischen Ausmaßes, plagen das Topmanagement von Daimler und BMW mit Quartalsgewinnen von etwas über 500 bzw. 600 Millionen Märkern. Ein Jahr zuvor lag die Bilanz um ein- bis zweihundert Millionen darüber. Ja, es gibt jetzt sogar handfeste Verluste außerhalb des notorisch schwindsüchtigen Mittelstands: bei Siemens etwa oder der Deutschen Telekom. (Die unter Linken heftig umstrittene Frage,

ob Enteignungen von Aktionären zulässig seien, wurde von Herrn Sommer übrigens inzwischen praxisorientiert beantwortet. Zu bedauern ist nur, daß es irgendwie doch wieder nicht die richtigen Aktionäre traf.)
Nun erhalten Wirtschaftsinstitute ihr Geld bekanntlich nicht nur dafür, falsche Konjunkturprognosen abzugeben, sondern auch dafür, ihre Fehler rückwirkend zu erklären. Also wird inzwischen emsig über die Ursachen des Dilemmas debattiert. Da die gutdotierten Ökonomen lange begriffen haben, was die PDS auf Geheiß vermeintlicher Vordenker gerade lernen soll: daß nämlich Unternehmertum und Gewinninteresse Effizienz und Innovation bewirken und jedenfalls nicht Verfall und Vergeudung, bleibt der Kapitalismus als Krisenursache außer Betracht. Es werden andere Gründe gesucht und Schröder hat seine inzwischen in den Ring geworfen: Die dümpelnde US-Wirtschaft, teilte er mit, schmälere den deutschen Export. Auch das „Handelsblatt" empört sich und titelt: „US-Verbraucher enttäuschen Erwartungen der Märkte." Womit der gerügte US-Verbraucher, der im Schnitt heute mehr Schulden als Jahreseinkommen hat und, sofern von der laufenden Entlassungswelle betroffen, schon nach kurzer Zeit keine Aussicht auf einen müden Dollar staatliche Unterstützung mehr, – womit er seine Verbrauchslust bezahlen soll, wird nicht erläutert. (Gleiche Kritik an den bundesdeutschen Verbraucher zu richten, unterläßt man wohlweislich; es könnte immerhin den ein oder anderen Gewerkschafter auf die Idee bringen, den für verlangte Konsumfreude nötigen Zuschlag beim Einkommen zu fordern.) Die Verweisung nach Übersee hat für Schröder zudem den Vorteil, daß die Wurzel der Misere damit jenseits des Handlungsradius' der Bundesregierung liegt und keine Schlüsse für die eigene politischen Linie sich aufdrängen.
Doch so einfach läßt man den Kanzler nicht entkommen. Prompt meldet sich diese Woche einer jener Konzernlobbyisten, die ihre Ratschläge unter dem Pseudonym „Wirtschaftsweise" zu veröffentlichen pflegen, mit der These zu Wort, die Krise sei gar nicht nachfrage-, sondern angebotsseitig verursacht. Es folgt

der bekannte Maßnahmekatalog renditeträchtiger Umverteilung – von der Amerikanisierung des Arbeitsmarktes bis zum Einschmelzen *sämtlicher* Sozialleistungen auf Mindeststandards –, der der SPD-Regierung, sofern noch nicht erledigt, nachdrücklich aufgetragen wird. Der Mann wird sich vielleicht noch bis nächsten Herbst gedulden müssen, aber die Chancen stehen gut, daß er dann bekommt, was er verlangt. Schröder hat Hinweise aus dieser Richtung schon immer verstanden. Und dies wird so bleiben, solange jene, denen solches Verständnis aus gutem Grund fehlt, nicht endlich unüberhörbar auf sich aufmerksam machen. Dieses gilt in der Krise eher mehr denn weniger. Sonst wird auch der nächste Aufschwung, falls er kommt, sich wieder nur in den Gewinnbilanzen der Konzerne bemerkbar machen.

8. Dezember 2001

Pharma bei bester Gesundheit

Ulla Schmidt hat es schwer. Während die Kollegen Riester und Eichel ihre Hausaufgaben in Sachen Förderung der Profitrate längst erledigt haben, avanciert das Gesundheitswesen zum Sinnbild von Reformstau und Mutlosigkeit. Die Kassen schreiben rote Zahlen, die Beiträge steigen und steigen, die Wirtschaft plärrt, die Parmakonzerne mauern sowieso. Da der vielgeforderte Mut freilich immer der ist, der SPD-Wählerklientel möglichst rücksichtslos ins Gesicht zu schlagen, wird uns wohl zumindest im Wahljahr eine mutlose Ministerin erhalten bleiben.
Immerhin wird Vorfeldarbeit geleistet. Diese besteht erstens in der Verbreitung des Irrglaubens, daß das Dilemma nichts mit Interessen zu tun habe, sondern Folge objektiver Entwicklungen sei, und zweitens in der Popularisierung der Lüge, daß es ohne Leistungskürzungen nicht überwunden werden könne.
Funktioniert hat das Muster schon bei der Rentenreform. Irgendwann waren sogar die Gewerkschaftsspitzen überzeugt, daß man der hartnäckig steigenden Lebenserwartung nachhaltig nur durch drastische Absenkung der Alterssicherung begegnen kann. Wer in Zukunft noch alt werden will, soll es sich gefälligst leisten können. Das edle Reformwerk, inzwischen Gesetz, hat freilich den Nachteil, daß es nur sehr langsam wirkt. Denn es ist vor allem die Generation der heute unter Fünfzigjährigen, der das Riester-Projekt eine Perspektive als Sozialhilferentner eröffnet. Also altert die Bevölkerung vorerst friedlich weiter, was wiederum – neben angeblich ausufernden Leistungskatalogen und mangelnder Effizienz – gute Vorwände hergibt, die „Kostenexplosion" im Gesundheitswesen zu erklären.
Es ist ein Verdienst des jüngsten Gutachtens des Deutschen Instituts für Wirtschaftsforschung, mit derartigen Legenden aufzuräumen. Wie das Gutachten belegt, ist der Anteil der Gesundheitsausgaben am Volkseinkommen (BIP) in den zurückliegenden dreißig Jahren weitgehend konstant geblieben. 1970 lag er

10

bei 13,08 Prozent, 1998 bei 13,46 Prozent. Gleiche Konstanz zeigt der BIP-Anteil der Beiträge, der um 6 Prozent pendelt: von „Explosion" keine Spur. Steil angestiegen freilich sind die anteilig zum Bruttoeinkommen *abhängig Beschäftigter* berechneten Beitrags*sätze*, die 1970 noch bei 8,2 Prozent lagen und 1998 13,6 Prozent erreichten. Das eigentliche Problem erschließt sich somit als Ergebnis simpler Prozentrechnung. Wenn ich eine konstante Größe auf eine immer kleinere Basis beziehe, wächst deren anteilig ermittelter Wert: 10 Äpfel von 100 Äpfeln entsprechen 10 Prozent, 10 Äpfel von nur 80 Äpfeln entsprechen 12,5 Prozent, – der Anteil ist um 2,5 Prozentpunkte gestiegen, obwohl 10 Äpfel natürlich 10 Äpfel bleiben. Auf die Ökonomie übertragen: Wenn diejenigen, die den gesellschaftlichen Reichtum erarbeiten, immer weniger Anteil an ihm haben, stellt dieser Trend das lohnbezogene Sozialversicherungssystem in all seinen Elementen auf tönerne Füße. Um das Defizitproblem der Kassen zu lösen, könnte die IG Metall also ruhigen Gewissens statt 5 auch 15 Prozent Lohnzuwachs verlangen; ohne Kampf wird ohnehin weder das eine noch das andere zu haben sein. Beistand durch die SPD-Gesundheitsministerin oder gar durch den bei Präsentation des neuen VW-Luxuswagens werbewirksam posierenden Kanzler ist dabei allerdings nicht zu erwarten.
Andererseits trifft zu, daß Gesundheit tatsächlich billiger zu haben wäre: als Gut, nicht als Ware. Wer wissen will, in welchem Winkel der Volkswirtschaft sein persönliches Beitragssoll als „Haben" auftaucht, findet unter der Rubrik *Anlage-Empfehlung* im „Handelsblatt" folgende Denkhilfe: „Als Gewinn- und Cash-Generatoren werden die großen Pharma-Konzerne derzeit wohl nur noch von der Ölindustrie übertroffen. Die führenden 20 Arzneimittelhersteller erwirtschafteten im vergangenen Jahr einen Betriebsgewinn von zusammen fast 70 Mrd. Dollar … Davon wurde … mehr als die Hälfte in Form von Dividenden und Aktienrückkäufen an die Aktionäre ausgeschüttet." Allein die letztjährigen Preissteigerungen für Arzneimittel haben hierzulande etwa 1 Mrd. DM zusätzliche Kassenmittel verschlungen. Folgerichtig legt das „Handelsblatt" seiner vermögenden

Klientel den Kauf von Pharmawerten ans Herz, wissend, daß weder die geplante Aut-item-Regelung noch Schröders steuerlich absetzbarer „Solidarbeitrag" von gerade 400 Millionen Mark an Preistreiberei und horrenden Gewinnen etwas ändern werden. Die Gefahr ist eher, daß die neue Regelung die Konzentration in der Pharmabranche weiter verstärkt und die Spielräume für Preisdiktate und rege Lobbyarbeit dadurch sogar wachsen. Dazu gibt es eigentlich nur eine ernstzunehmende Alternative. Sie läge in einem System, in dem Kranke nicht länger dazu dienen, als „Cash-Generatoren" das Portefeuille wohlhabender Aktionäre anzureichern, sondern Gesundheit als schützenswertes Gut und Recht jedes Menschen anerkannt ist. Das wäre eine Gesundheitsreform, die diesen Namen wirklich verdient. Genau besehen wäre es natürlich mehr als eine Reform, denn private Pharmakonzerne nebst ihrer Shareholder werden sich mit einem solchen Projekt kaum anfreunden können.

22. Dezember 2001

Tödlicher Schaum

Es geht offenbar erst, wenn nichts mehr geht. Drei Tage nach dem Rücktritt des argentinischen Präsidenten hat der neue Interimspräsident Saá ein Schuldenmoratorium angekündigt: die Zins- und Tilgungsleistungen auf Auslandsanleihen werden ausgesetzt; Verhandlungen mit den Gläubigern über Abschläge bei Zinsen und Nominalwert der argentinischen Staatsschuld sollen in Kürze beginnen. Alles in allem also ein Hoffnungsschimmer für die von Rezession und IWF-diktierten Sparprogrammen ausgeblutete argentinische Bevölkerung? Kaum.
Denn wie die „Verhandlungen" ausgehen werden, läßt sich leider auch ohne Gabe zur Prophetie ahnen: Man gönnt dem Land gerade so viel Luft, daß es nicht erstickt. Derselbe Leidensweg wurde schon anderen sogenannten Schwellenländern aufgezwungen. Auch Argentinien selbst befindet sich keineswegs zum ersten Mal im Zustand faktischen Staatsbankrotts. Der Ausweg, den die internationalen Finanzhaie in solcher Situation offerieren, erwächst aus der einfachen Logik, daß ein toter Sklave kein ausbeutbarer Sklave mehr ist. Aber Wiederbelebungsversuche an einem bis zur Bewußtlosigkeit geschundenen Knecht haben selbstredend nicht den Zweck, ihn in einen freien Mann zu verwandeln.
Die argentinische Regierung steckt in dem Dilemma, eigentlich nur zwischen Übeln wählen zu können. Wird der Peso abgewertet, explodiert die großenteils auf Dollar lautende Staatsschuld Argentiniens, und gleiches gilt für die Dollarschulden der Privaten. Hauptprofiteur wäre die Exportwirtschaft, insbesondere also amerikanische und internationale Konzerne, für die Argentinien als Billiglohnstandort wieder attraktiver würde. Zigtausende mittlere Unternehmen dagegen würden eine derartige Verteuerung ihrer Schulden nicht überleben. Zumal die Mittelschichten von ihren Ersparnissen so oder so kaum etwas wiedersehen dürften. Umgekehrt: Soll die Dollarbindung des Peso aufrechterhalten

werden – oder wenigstens die Abwertung einigermaßen kontrolliert verlaufen – ist das Land auf neue Kreditspritzen des IWF angewiesen. Dessen Entscheidung vom 6. Dezember, den zugesagten Kredit von 1,3 Mrd. Dollar wegen angeblich mangelnden Schuldenmanagements auszusetzen, war indes just der Auslöser der Krise. Daß Cavallos drakonisches Sparprogramm, das immerhin Tag für Tag etwa 2000 Argentinier unter die Armutsgrenze in Hunger und Elend preßte und von Rentenkürzungen bis zu Steuererhöhungen vor keiner unsozialen Maßnahme zurückschreckte, dem Fond noch nicht hinreichend schien, läßt vermuten, welche Forderungen mit neuem Geldsegen verbunden wären. Einem Geldsegen, der wiederum ausschließlich in den Schuldendienst flösse.

Die Ursprünge dieser fatalen Lage reichen in die Siebziger zurück, als nach Zusammenbruch des Bretton-Woods-Systems die internationalen Banken Abnehmer für Milliarden vagabundierender Dollar suchten und diese über den schnell expandierenden Offshore-Markt billig verliehen. Nicht zuletzt an Entwicklungsländer. Bereits Anfang der achtziger Jahre, als die Zinsen wieder stiegen und der Dollar aufwertete, wurden die meisten dieser Länder zu Nettozahlern, die einen Großteil ihrer Exporterlöse direkt auf die Konten westlicher Großbanken zu überweisen hatten. Da dies zudem oft nicht ausreichte, begann jene verhängnisvolle Spirale, in der aus alten Zinsen immer neue Schulden wurden, diese wiederum neue und höhere Zinsen verursachten, die sich dann wieder als zusätzliche Schuld akkumulierten ... Faktisch fand und findet dieser ganze Vorgang ausschließlich in der Virtual Reality der Bankcomputer statt. Er produziert einen riesigen Schaumbau fiktiver Vermögen und Schulden, von dem kein Dollar je für einen realen Kauf ausgegeben wurde noch ausgegeben werden könnte. Doch gerade weil die irrwitzigen Computervermögen keinen realen Gegenwert haben, begründen sie immense Macht auf Seiten derer, die darüber entscheiden, wann und wo ein bestimmter Betrag im Computer von A nach B wandert. In Südostasien löste der Abzug solcher fiktiven Werte 1997/98 einen wirtschaftlichen Zusammenbruch aus. Argentinien hat die Unterwerfung unter die Logik der Schaumdompteure bereits Jahrzehnte niedrigen Wachstums, zunehmender Armut sowie vier akute Rezessionsjahre mit inzwischen 18 Prozent Arbeitslosigkeit eingebracht.

In den Industrieländern mögen die Folgen weniger drastisch sein; schlimm genug sind sie auch dort. Die Frage, warum das Land Berlin kein Geld für Kindergärten, aber täglich elf Millionen Mark für Zinszahlungen übrig hat, gehört zum Thema. So virtuell das Kapital, so real sind die Einkommen, die mittels seiner erpreßt und aus dem Kreislauf der Volkswirtschaften dieser Welt abgezweigt werden. Einen Ausweg gäbe es wohl: den Schaum durch Schuldenstreichung und Währungsreform auf das zurückzuführen, was er real wert ist: nichts.

5. Januar 2002

Zweckoptimisten

Was schreibt man auf ein Wahlplakat, wenn man auf möglichst unverbindliche Weise gute Laune verbreiten will? Eine der Antworten, die SPD-Strategen auf diese Frage fanden, lautet: „Der Aufschwung kommt." In weißen Lettern auf blauem Grund, untersetzt durch vier nach oben zeigende rote Pfeile, wurde diese Nachricht auf zigtausend Blatt unschuldigen Papiers gedruckt. Damit nicht genug. Für einen zweistelligen Millionenbetrag orderte das Kanzleramt im April bei anerkannten Hofgutachtern aus sechs Instituten ein Dossier, das ebendiese Nachricht mit allerlei Zahlen illustrieren und ihr durch möglichst unverständliche Fachtermini eine Aura von Seriosität und Wissenschaftlichkeit verleihen sollte. Die Gutachter attestierten folgsam: Ja, der Aufschwung habe bereits begonnen. Insbesondere die „kräftige Erholung" in den USA ziehe auch den deutschen Karren aus dem Dreck. Nur die Arbeitslosen müßten sich noch ein wenig gedulden. Im nächsten Jahr – aber dann ganz gewiß! – werde auch ihre Lage besser.

Nicht, daß Schröders Konjunktur-Sehnsüchte nicht verständlich wären. 1994 immerhin hatte die wiederkehrende wirtschaftliche Betriebsamkeit seinem Vorgänger eine weitere Legislatur beschert. Das Dumme ist nur, daß vom gegenwärtigen „Aufschwung" aber auch gar niemand etwas merkt. Am selben Tag, als die SPD ihre Plakatserie mit der frohen Botschaft präsentierte, veröffentlichte das Ifo-Institut seinen monatlichen Geschäftsklima-Index, der erneut nach unten zeigte. Nahe 50 000 Pleiten werden für dieses Jahr erwartet. Der Groß- und Einzelhandel kämpft unverändert mit sinkenden Umsätzen. Ifo rügt denn auch die „generelle Kaufunlust der deutschen Verbraucher". Von einer Solidaritätsadresse an die IG Metall, die derzeit vorführt, auf welchem Wege solcher Lustlosigkeit begegnet werden kann, wurde nichts bekannt.

Statt dessen richten die Mainstream-Ökonomen ihre erwartungsvollen Augen auf die Landstriche jenseits des Atlantik. Die Legende von der überwundenen Rezession in den Vereinigten Staaten stützt sich insbesondere auf Daten des „Bureau of the Census" des US-Wirtschaftsministeriums, das im Februar den dritten aufeinander folgenden monatlichen Anstieg der Auftragseingänge für langlebige Wirtschaftsgüter meldete. Allerdings lohnt es sich, genauer hinzusehen, *was* da so kraftvoll aufwärts strebt. Hinter dem ausgewiesenen Anstieg um 1,5 Prozent verbargen sich nämlich zwei sprunghafte Erhöhungen besonderer Art: Die Zahl der Flugzeugaufträge hatte sich um 41 Prozent erhöht und die der Rüstungsaufträge um 78 Prozent. Jenseits dessen herrscht unvermindert Trostlosigkeit, die noch größer wäre, würde der amerikanische Verbraucher seinen Schuldenberg nicht immer höher auftürmen. Im letzten Quartal 2001, als das durchschnittliche Einkommen stagnierte, gab selbiger immerhin 610 Milliarden rein kreditfinanzierte Dollar zusätzlich aus. Allerdings hat diese Entwicklung natürliche Grenzen, denn bereits heute verbraten US-Bürger im Schnitt 14 Prozent ihres Einkommens für Zins und Tilgung. Und zum Kummer von Bush & Co wurden die steigenden Konsumausgaben durch sinkende Ausgaben der Unternehmen, insbesondere für Anlageinvestitionen, weitgehend ausgeglichen. Den Ausschlag für den Wiederanstieg des Sozialprodukts im ersten Quartal 2002 gab allein der starke Anstieg der Staatsausgaben um 39,8 Mrd. Dollar.

Sicher, auch eine rechts-keynesianische Rüstungskonjunktur schimpft sich „Aufschwung". Unter Reagan funktionierte dieses Programm aber auch deshalb so gut, weil die exorbitante Waffenproduktion über das berühmte Doppel-Defizit in Staatshaushalt und Leistungsbilanz letztlich vom Ausland finanziert wurde. Das Problem seiner Nacheiferer heute besteht darin, daß die amerikanische Leistungsbilanz bereits ein Riesenloch von 4 Prozent des US-Bruttosozialprodukts aufweist. Trotz Rezession. Um diese Kluft zu schließen, müssen die USA täglich gewaltige Mengen Kapital ins Land holen – und genau das wird zusehends schwieriger. Während 1999 und 2000 das nötige Geld noch vorwiegend über Direktinvestitionen und Aktienkäufe floß, mußte das Defizit 2001 zu 95 Prozent über die wesentlich teurere Variante von Anleihen finanziert werden. Wenig spricht dafür, daß die USA weiterhin in wachsendem Umfang auf internationale Liquidität zurückgreifen können. Dann aber gibt es im Grunde nur zwei Auswege: eine deutliche Steigerung der Auslandsnachfrage nach US-Produkten (die allenfalls, wenn man in Krisenregionen weiter fleißig zündelt, im Waffensektor in Sicht ist) oder eine massive Dollarabwertung. In Erwartung der letzteren haben große Investmentfonds und Banken längst begonnen, „marktschonend" – will heißen: still und leise – einen Teil ihres Dollar-Portfolios in Euro-Anlagen umzuwandeln. Ein sinkender Dollar freilich würde Exporte in die USA nicht etwa fördern, sondern zusätzlich erschweren.

Es spricht also viel dafür, daß der „machtvolle" US-Aufschwung als Rohrkrepierer endet. Überschuldete Konsumenten, gigantische Leistungsbilanzdefizite, Pleiten und Bilanzlügen der Unternehmen, absehbarer Währungsverfall, das ist nicht eben der Kraftstoff, der eine Binnen-, geschweige die Lokomotive einer *Welt*konjunktur antreibt. Vielleicht greift BDI-Chef Rogowski Schröder im Wahljahr noch unter die Arme. Der „Aufschwung" jedenfalls wird ihn wohl im Stich lassen.

11. Mai 2002

Lohnpulle leer

Auf die Aktienmärkte ist Verlaß. Wer Antworten auf die gute alte „Wem nützt's?"-Frage sucht, den lassen die Ups and Downs der großen Indexe selten im Stich. Kaum war der Baden-Württembergische Tarifabschluß unter Dach und Fach, drehte der Dax leicht ins Plus, getragen von den großen Automobilwerten, die deutlich zulegten. „Tarifpolitik kann zuweilen richtig Freude machen, zumindest dann, wenn am Ende erfolgreiche Abschlüsse vorausschauende Überzeugungsarbeit und ausdauerndes Verhandlungsgeschick honorieren." Die deutsche Gewerkschaftsbewegung habe sich erfreulicherweise „… weiter von Besitzstandswahrung, Verteilungsdenken und alten Klassenkampfideologien entfernt". Mit dieser Eloge hatte „Arbeitgeber"-Chef Hundt den Vorläufer des jetzigen Metall-Abschlusses, den Tarifvertrag vom Frühjahr 2000, gefeiert. Er hätte sie letzte Woche wiederholen können. Offenbar aber hatten die Kollegen vom IG Metall-Vorstand ihn eindringlich gebeten, sich mit derartigen Äußerungen wenigstens bis zum Ende der Urabstimmung zurückzuhalten und statt dessen den Empörten und Geprellten zu geben. Wie immer: der „kräftige Schluck aus der Lohnpulle", der zu Jahresbeginn in deftigem Deutsch angedroht worden war, hat sich als spärliches Rinnsal erwiesen. Bei etwa 3,46 Prozent liegen die tatsächlichen Zusatzkosten der Unternehmen in diesem Jahr, rechnet Südwest-Metall Präsident Zwiebelhofer vor. Im nächsten Jahr sind es 3 Prozent. Wieder einmal reichen die Abschlüsse kaum, auch nur den bereits erkämpfen Lebensstandard zu halten.

Sicher, es gibt in diesem Land genügend Leute, die selbst von 3 Prozent Lohnzuwachs nur träumen können. Outgesourcte, Billigjobber, Leiharbeiter …, die anschwellende Legion derer, für deren monatliche Bezüge Tarifverträge keine Rolle mehr spielen. Aus ihr rekrutiert sich im Westen knapp ein Drittel, im Osten inzwischen gar die Mehrheit der Beschäftigten. Manch einer mag daraus folgern, daß Zwickels Posse den Gallensaft gar nicht lohnt, den der Groll über sie produziert. Aber ein solcher Schluß wäre voreilig. Denn erstens setzen Tarifabschlüsse eine Art Zielmarke, die indirekt auch den unregulierten Lohnsektor beeinflußt. Und zweitens trägt genau diese Art Tarifpolitik dazu bei, die Leute ins organisatorische Niemandsland zu treiben und dadurch Lohndumping noch mehr zu erleichtern.

So oder so: der Abschied von „alten Klassenkampfideologien" trägt Früchte. Die Lohnquote, also der Anteil der abhängig Beschäftigten am Volkseinkommen, ist, seit Deutschland wieder einig, groß und kriegerisch ist, um annähernd zehn Prozent gefallen und dümpelt gegenwärtig auf dem Niveau der westdeutschen fünfziger Jahre. (Sicherheitshalber wurde vor einigen Jahren die Berechnungsmethode verändert, damit das Ausmaß der Umverteilung nicht mehr so kraß ins Auge fällt.) Allein zwischen 1994 und 1999 haben die großen Kapitalgesellschaften ihr Jahresergebnis vor Steuern nahezu verdoppelt. Und „vor Steuer" ist heutzutage – Eichel sei Dank! – für viele gleich „nach Steuer". Selbst im Krisenjahr 2001 waren nicht wenige Konzernbilanzen goldgerändert. VW und Porsche protzten mit erneutem Rekordgewinn. An Dividenden wurde nicht gespart.

Da sich vom hohen Roß aus allerdings schlecht Tarifverträge schließen lassen, entdecken die Bosse, kaum daß sie eines Gewerkschafters ansichtig werden, ihr Herz für den Mittelstand. Wahr ist: Hier sprudelt nur noch selten üppiger Gewinn; eher kreist der Pleitegeier. Gefüttert wird er freilich nicht durch Arbeitskämpfe, sondern ziemlich lautlos durch Briefe wie den folgenden: „Wir empfehlen Ihnen, möglichst kurzfristig Gespräche mit anderen Banken über eine Ablösung zu führen." Die Kreditkündigung stammt in diesem Fall von der BW-Bank, Empfänger ist ein schwäbischer Handwerksbetrieb, der nun auch bald die Insolvenzstatistik bereichern dürfte. Einer von vielen. „Es ist erschreckend, daß unsere Firmen bei den Banken abgewiesen werden, nur weil sie einen Kredit von 15 Millionen wünschen und nicht von 500 Millionen", beschwert sich ein Maschinenbauer beim „Handelsblatt". Falls eine Bank ihr Füllhorn

überhaupt noch öffne, dann zu saftigen Zinsen. Basel II bietet den Vorwand. Die dadurch verursachten Zusatzkosten liegen in der Regel deutlich über jenen Beträgen, die ordentliche Tarifabschlüsse mit sich bringen würden. Und nicht nur die Banken verschicken Briefe. „Für das laufende Geschäftsjahr ersuchen wir Sie um eine Rückerstattung auf den getätigten Jahresumsatz in Höhe von drei Prozent." Mit diesem Weihnachtsgruß erfreute die Karstadt-Quelle Tochter Neckermann 2001 ihre Zulieferer. „Nur größtmögliche Anstrengungen beiderseits ermöglichen uns gemeinsames Wachstum", wurde der vertragswidrige Rabatt-Begehr erläutert. Natürlich läuft die Abzocke auf freiwilliger Basis. Nur, welcher kleinere Betrieb kann es sich leisten, einen Großabnehmer wie Karstadt zu verprellen?
Lohnforderungen mit Verweis auf die schwere Lage des Mittelstands zu kontern, ist also blanke Heuchelei. Es gäbe genügend Möglichkeiten, dieser „Lage" abzuhelfen. Lohnverzicht gehört nicht zu ihnen, denn das Minus in den Geldbeuteln der Beschäftigten ist hier eh nur ein durchlaufendes Plus, das auf vielen verschlungenen Wegen nach oben weitergereicht wird.

25. Mai 2002

Teuro-Gefühle

Der Euro hat geschafft, was Henkel Zeit seiner Amtsperiode als BDI-Chef erfolglos forderte: das Sozialhilfeniveau um zehn bis zwanzig Prozent abzusenken. Etwa diese Größenordnung dürfte der Schnitt ins Fleisch der Ärmsten infolge verteuerter Lebensmittel im letzten halben Jahr erreicht haben. Es trifft jene besonders hart, die ohnehin schon darben, aber es trifft natürlich nicht nur sie. Möge die Konsequenz für den einen der definitive Umstieg auf Konservengemüse, für andere dagegen „nur" der Verzicht auf einen Restaurantbesuch oder eine bescheidenere Urlaubsplanung sein, Otto Normalverdiener spürt, daß die Teuerung an seinem Lebensstandard zehrt, und ist sauer. Und da wir uns im Wahljahr befinden, hat die Schröder-Koalition beschlossen, diese Säuernis zu teilen. So offenbart Eichel der entsetzten Nation, daß er sich seine Eiskugel in Reichstagsnähe bald nicht mehr leisten kann, Schröder ruft dazu auf, Preistreiber mit Kaufverachtung zu strafen, und Frau Künast nimmt sich mitten im Nitrofen-Streß die Zeit, einen „Anti-Teuro-Gipfel" zu veranstalten.

Scheinbar viel Trara um nichts, denn die offizielle Inflation lag im Mai bei 1,2 Prozent und damit so niedrig, wie lange nicht mehr. Allerdings haben auch die Ökonomen begriffen, daß eine derartige Kluft zwischen Alltagserfahrung und Statistik die Gefahr birgt, daß ihr Zahlenwerk und ihre Rechenspiele bald von niemandem mehr ernst genommen werden. (Die herrschende Wirtschaftslehre besteht zwar zu wesentlichen Teilen darin, den Leuten ein X für ein U zu verkaufen; aber es ist nie ratsam, Mehrheitsmeinungen einfach für verrückt zu erklären.) Also wurde flugs ein neuer Begriff erfunden und ist seither in aller Munde: der Begriff der „gefühlten Inflation". Die Grundidee stammt aus der Wetterforschung. Dort wird seit einigen Jahren neben der realen auch die „Fühltemperatur" ermittelt. Es gibt wissenschaftlich nachvollziehbare Gründe, weshalb die

Leute 5°C unter gewissen Umständen wärmer und unter anderen kälter finden. *Gefühlte* Inflation soll in Analogie dazu heißen: Wir, die Ökonomen, verstehen, warum ihr alle den Eindruck habt, die Preise würden steigen. Wir können sogar messen, wie stark dieser Eindruck ist. Aber so, wie die reale Temperatur selbstverständlich von der „gefühlten" unabhängig ist – 5°C sind genau 5°C, nicht mehr und nicht weniger –, so entspricht die *reale* Preisentwicklung der offiziell ermittelten Rate und nicht etwa den „Fühlwerten".

Die Frage ist von Belang, denn die Inflationsrate ist nicht irgendeine statistische Zahl, sondern ein einflußreicher Parameter, an dem verteilungspolitische Entscheidungen hängen. Fürs erste Quartal 2002 wurde eine „gefühlte Inflation" von 4,8 Prozent ermittelt. So sehr man sich hüten mag, den heutigen Gewerkschaftsoberen etwas nicht zuzutrauen: erstreikte Tarifabschlüsse mit einer 3 vor dem Komma wären bei einer *offiziellen* Inflationsrate von 4,8 Prozent schwer vorstellbar. Normalerweise entstünde bei derartiger Teuerung auch ein Druck, soziale Leistungen und Renten wenigstens partiell anzupassen. „Gefühlte" Werte dagegen sind irrelevant.

Nun soll nicht behauptet werden, daß genau die 4,8 Prozent die reale Preisentwicklung widerspiegeln. Das Problem ist vielmehr, daß – anders als bei der Lufttemperatur, zu deren Messung man einfach ein Termometer in den Wind hält – für die Preisentwicklung einer Volkswirtschaft kein wirklich objektives Maß existiert. Darin besteht die Lüge der Wetter-Analogie. Die bundesdeutsche Inflationsstatistik etwa nimmt einen Warenkorb zum Ausgangspunkt, der 750 Güter und Dienstleistungen in unterschiedlicher Gewichtung enthält und alle fünf Jahre angepaßt wird. Er soll in seiner Zusammensetzung den durchschnittlichen Konsum eines Durchschnittshaushalts repräsentieren.

Aber einen solchen Durchschnitthaushalt gibt es nicht. Der Konsumkorb eines Langzeitarbeitslosen und der eines renommierten Wirtschaftsanwalts haben kaum etwas gemein. Nicht wenige der 750 Güter, die in die Inflationsrechnung eingehen, finden sich im Einkaufsbeutel des unteren Bevölkerungsfünftels überhaupt nie. Wenn, wie derzeit, die Preise für Grundbedarfsgüter kräftig anziehen, die langlebiger Gebrauchsgüter und Markentextilien dagegen teilweise sogar sinken, dann bluten eben die am meisten, deren Einkommen nur den Grundbedarf deckt. Wird Brot um 20 Prozent teurer und werden Spülmaschinen um 20 Prozent billiger, ergibt das, bei gleicher Gewichtung, eine Inflationsrate von Null. Nur was nützt das dem, der keine Spülmaschine kauft, sei es, weil er sie sich eh nicht leisten kann, sei es, weil er *gerade wegen* der höheren Brotpreise auf größere Anschaffungen verzichtet? *Für ihn* liegt die Teuerung bei 20 Prozent und keinen Deut drunter.

Die Inflationsrate – und zwar die *reale*, keineswegs bloß eine „gefühlte" – differiert somit erheblich mit der Einkommensklasse, zu der jemand zählt. Auch solche Differenzen ließen sich wissenschaftlich abschätzen. Das freilich war auf Künasts „Teuro-Gipfel" ebenso wenig Thema wie die Ursachen steigender Preise, die keineswegs in der neuen Währung als solcher liegen.

8. Juni 2002

Der große Bluff

Manchmal haben auch Leitartikler im „Handelsblatt" lichte Momente. „War der amerikanische Boom in den neunziger Jahren nur ein großer Bluff?" – mit dieser Frage rang einer von ihnen kürzlich eine Drittel Zeitungsseite lang, ehe er die bejahende Antwort wagte. Über zehn Jahre galten die USA als das Erfolgsmodell schlechthin: jährliche Wachstumsraten nahe fünf Prozent, Preisstabilität, sinkende Arbeitslosigkeit – alles Wünschenswerte schien beisammen. Die letzten zwei Jahre haben das Bild getrübt, inzwischen wird es fleißig aufpoliert. Ifo prognostiziert für 2002 ein Wachstum von 2,3 Prozent; der US-Finanzminister protzt gar mit möglichen 3,5 Prozent. Wie realistisch solche Prognosen sind, sei dahingestellt. Interessanter ist die Frage, die auch den Handelsblättler umtrieb: *was* die Statistiker mit Kennziffern wie der Wachstumsrate heute tatsächlich messen.

Die Einsicht, daß die Zahlen der Volkswirtschaftlichen Gesamtrechnung (VGR) nur bedingt als Wohlstandsindikator taugen, ist nicht neu. Eine bekannte Kritik hebt hervor, daß die VGR rein quantitative Größen erfaßt: Eine Wirtschaft, die jährlich zehn Millionen Regenschirme erzeugt, deren Stoff sich nach dem zweiten Regen von den Speichen löst, erscheint nach VGR-Maßstab wohlhabender als eine, deren Schirme über Jahre halten und die gerade deshalb weniger von ihnen produziert. Oder: Das Bruttosozialprodukt wächst, wenn die Zahl der pillenschluckenden Kranken zunimmt oder Raubbau an der Umwelt den Aufwand zur Beseitigung der Schäden erhöht.

So berechtigt allerdings diese Kritik ist, sie thematisiert nur einen Teil der Seltsamkeiten. Quantitäten sind immerhin eine empirisch noch irgendwie relevante Größe. Heutzutage von den Statistikern gezählt und gemessen wird dagegen zu weiten Teilen einfach – nichts. Nach dem Platzen der Internet-Blase hat es sich für diesen Bereich herumgesprochen: Anstelle mancher Dotcom-

Firma hätte man ebensogut Nießbrauchsrechte an den globalen Endlagern für Atommüll oder Anteile an den Wasserreservoiren des Monds verkaufen können. Solange Anleger bereit sind, ihr Geld für derartige Papiere zu verschleudern, gelten die daraus resultierenden Einnahmen von Banken und Brokerhäusern als *Wertschöpfung*. Auch in der inzwischen wieder hochgeschätzten Old Economy entstammt ein Teil der Gewinne reinen Luftbuchungen. Teils unbewußten, sofern die Konzerne, statt dröge Güter zu produzieren, die die Leute mit ihren niedrigen Löhnen eh nicht kaufen können, mit ihrem Kapital in Aktien, Devisen und Derivaten herumspielen und daraus resultierende Erlöse als Gewinn verbuchen. Teils sehr bewußten, sofern nämlich Konzernbilanzen den wirklichen Unternehmenszustand in etwa so lebensnah widerspiegeln wie Vorabendserien die reale Welt.

Daß sich Enron auf kreative Buchhaltung verstand, ist inzwischen ein Gemeinplatz. Man sollte allerdings davon ausgehen, daß der Unterschied zwischen Enron und anderen Großunternehmen in erster Linie darin liegt, daß Herr Lay Pech hatte und sich verspekulierte. Im Normalfall läuft die Sache unauffällig und einträglich: für das Unternehmen, für die mitverdienenden „Wirtschaftsprüfer", oft genug auch für Behörden. Nach der Enron-Pleite waren auch IBM und General Electric wegen Verdachts auf Bilanzfälschung ins Visier der Fahnder geraten. Kurze Zeit später wurden die Ermittlungen „wegen Mangel an Beweisen" eingestellt. Lediglich der Konzern CMS Energy mußte zugeben, daß etwa drei Viertel (!) seines Handelsvolumens Scheingeschäften entstammten.

Dabei werden Bilanzen nicht in jedem Fall geschönt. Ist der Adressat das Finanzamt, kann auch Armut vorgegaukelt werden. Ein beliebtes, in beide Richtungen einsetzbares Täuschungsmanöver besteht im ‚Parken' von Gewinnen und Verlusten bei nichtkonsolidierten Tochtergesellschaften. Enron hatte 900 davon. Zur Bilanzkosmetik gehören ferner die Auf- oder Abwertung von Vorräten und Variationen bei den Abschreibungen. Weit verbreitet und durchaus nicht illegal sind Pro-Forma-Ergebnisse: Ertragszahlen, die um „außergewöhnliche Einflüsse" bereinigt sind. Was außergewöhnlich ist, entscheidet das Unternehmen. Der Internetdienst SmartStockInvestor.com hat errechnet, daß die im Nasdaq notierten Unternehmen in ihren Pressemitteilungen für die ersten drei Quartale 2001 einen Pro-Forma-Gewinn von insgesamt 19,1 Mrd. Dollar auswiesen, während sie an die amerikanische Finanzaufsicht SEC für den gleichen Zeitraum einen Verlust von 82,3 Mrd. Dollar meldeten.

Man glaube nicht, Bilanzmanipulation sei eine amerikanische Spezialität. Eine Studie der Universität des Saarlandes, die 342 Geschäftsberichte von Nemax-Titeln unter die Lupe nahm, kam zu dem Schluß, daß Wirtschaftsprüfer in der Regel eklatante Verstöße gegen einschlägige Bilanzierungsvorschriften akzeptieren. Auch bei Dax-Unternehmen wäre man gewiß fündig geworden.

Die Unternehmensdaten aber sind die wesentliche Basis, auf der makroökonomische Größen wie Volkseinkommen oder Wachstumsrate errechnet werden. Der Prunkbau steht auf wackligen Füßen. Zumal in den oberen Etagen fröhlich weiter geschummelt wird. Eichel überlegt seit einiger Zeit, ob er durch eine neue Methode der Inflationsrechnung dem ausbleibenden Aufschwung wenigstens statistisch auf die Sprünge hilft. „Mehr Wachstum durch neue Preismessung" faßt das „Handelsblatt" diese Idee zusammen. Ob da auch ein Leitartikler über Bluff nachdenkt?

22. Juni 2002

Schurkenparabel

Die Welt ist ungerecht. Telekom-Chef Sommer hat gemacht, was alle machen: Er hat die Wachstumschancen der Telekombranche rosig geredet, um den Ausgabepreis der Aktien nach oben zu treiben, er hat sich redlich bemüht, den privatisierten Staatskonzern auf Shareholder-Value zu trimmen, er hat die internationale Expansion vorangetrieben, hat mit UMTS Milliarden in eine vermeintliche Zukunftstechnologie investiert, und er hat bei all dem der Aufforderung Rechnung getragen, daß Leistung sich wieder lohnen müsse, was er selbstredend auf die eigene bezog. Statt Dank und Lob erhält er nun die unehrenhafte Entlassung, steht am Pranger als Personifizierung von Gier und Bereicherungswut, als Schädiger von 3 Millionen Kleinaktionären, die er durch eine verfehlte Unternehmensstrategie um ihr mühsam Erspartes betrogen habe.

Dabei hatte alles so schön angefangen. Im November 1996, Sommer war gerade ein Jahr im Amt, brachte die Telekom ihre erste Aktientranche zum Ausgabepreis von 14,32 Euro an die Börse. Eine Erfolgsgeschichte begann. Die T-Aktie stieg und stieg, erst allmählich, dann immer schneller. Der zweite Börsengang folgte im Juni 1999, der Ausgabepreis lag jetzt bereits bei 39,50 Euro. Gezielt wurden Kleinsparer umworben und zum Einstieg ermutigt, den zunächst niemand bereuen mußte. Innerhalb weniger Monate verdoppelte sich der Kurs und erreichte im Frühjahr 2000 seinen Spitzenwert von 100 Euro. Wer ein Jahr zuvor T-Aktien gekauft hatte, hatte faktisch im Schlaf sein ursprüngliches Vermögen noch einmal hinzuverdient.

Ähnlich der Telekom boomten damals alle Papiere aus dem Kommunikations-, Medien- und Internetbereich. Daß aus 10 000 Mark innerhalb kürzester Zeit 20 000 oder 30 000 werden, schien eher Regel denn Ausnahme zu sein. Kapitalismus macht reich, lautete die Generalnachricht, man müsse nur mitmachen. Ob BILD, SPD-Grundsatzdebatte oder RTL-Vorabendprogramm: Auf allen Kanälen florierte jenes Verblödungspalaver, das die Verwandlung von Briefträgern und Aldi-Kassiererinnen in nachfeierabendliche Aktienzocker als den endlich gefundenen Ausweg aus sozialen Nöten und gesellschaftlichen Einkommenskontrasten verkündete. Strahlemann Sommer wurde zur Inkarnation dieses wohlstandgenerierenden Volkskapitalismus und erfüllte damit eine wichtige politische Funktion. Die Zerschlagung und Teilprivatisierung der gesetzlichen Rente etwa, auf die Allianz-Chef Schulte-Noelle erst kürzlich wieder Lobeshymnen sang, wäre ohne die Kapitalmarkt-Euphorie jener Tage kaum durchsetzbar gewesen. Der Kanzler höchstselbst legte sich ins Zeug, um die Konten unbedarfter Kleinsparer zugunsten überbewerteter Anteile an der Deutschland AG zu leeren.

Deshalb hängt für Schröder an der T-Aktie noch mehr als der Frust von 3 Millionen potentiellen Wählern. Ihr Absturz hat den Mythos der kapitalistischen Teilhaber-Gesellschaft beschädigt und damit auch eine Politik, die unter Reformfähigkeit die Förderung des Shareholder-Value-Kapitalismus amerikanischer Prägung versteht. Jetzt muß Sommer als Buhmann herhalten, um Verallgemeinerung zu vermeiden. Sein Hinauswurf ist Teil eines inszenierten Lehrstücks mit zwei Botschaften: Der unfähige Manager ist schuld! Und: Abzocke wird bestraft!

Natürlich ist diese Schurkenparabel so verlogen wie die ursprüngliche Erfolgsstory. Sommers Aktienoptionsspielereien lagen, verglichen mit denen anderer Konzerne, im mittleren bis unteren Bereich des Üblichen und das Auf- und Ab der T-Aktie ist einfach Ergebnis kapitalistischer Krisendynamik. Dabei wirkt die billionenschwere Liquidität, die heutzutage, global mobil und von wenigen dirigiert, von Anlage zu Anlage rast, als extremer Verstärker, der die Ausschläge bis zum Exzeß treibt. Dank Privatisierungspolitik zum Anlageobjekt geworden, galt die Telekommunikation Ende der Neunziger als hochprofitabler Wachstumsmarkt. Es herrschte Gründerstimmung, Hunderte neue Unternehmen starteten, die Preise für Telefongespräche sanken um bis zu siebzig Prozent. Finanzierbar war dieses Dumping, weil Eigen- wie Fremdkapital spottbillig zur Verfügung standen. Bloße Branchenzugehörigkeit garantierte sprudelnde Geldquellen, deren Eigner zunächst kaum nach Gewinnen fragten. In diesem Umfeld gingen die europäischen Ex-Monopolisten international auf Einkaufstour und verbrannten Milliarden beim Ersteigern voraussichtlich wertloser UMTS-Lizenzen.

Spätestens Anfang 2000 war eigentlich klar, daß der Aktienboom im Telekombereich jede Basis verloren hatte. Während professionelle Fonds den sachten Ausstieg einleiteten, fing der Werbefeldzug gegenüber dem Kleinanleger erst richtig an. Nach der 12-Milliarden-Pleite von Global Crossing geschah, was irgendwann geschehen mußte: ein abrupter Kapitalabzug aus dem gesamten Telekom-Bereich setzte ein. Kleinere Anbieter, vorher Alibi gelungener Liberalisierung, gehen seither reihenweise Konkurs. Die großen Konzerne überleben, auch dank unverändert überragender Marktmacht im heimatlichen Terrain, allerdings mit geschmolzener Eigenkapitaldecke und hohen Schulden. Die Telekom traf dieses Schicksal nicht härter als France Telecom oder die britische BT Group, von Worldcom in den USA zu schweigen. Neue Allianzen sind absehbar. Die US-Aufsichtsbehörde hat bereits angekündigt, künftig auch Zusammenschlüsse zu genehmigen, durch die einzelne Anbieter erneut große Teile des Marktes kontrollieren. Der Begriff „Re-Monopolisierung" macht die Runde. Dann freilich dürften die Preise für Telefondienste aller Art bald wieder kräftig steigen und ihnen folgend auch Gewinne und Aktienkurse. Nur mag bis dahin manchem Kleinanleger die Puste ausgegangen sein; vielleicht, weil er als gleichzeitiger Telekombeschäftigter dem radikalen Sparprogramm der Sommer-Nachfolger zum Opfer fiel.

20. Juli 2002

Professionell geschmiert

Apple: Gewinn-/Umsatzeinbruch, BNP Paribas: Prognosen verfehlt, Caterpillar: Erwartungen verfehlt, Ericsson: Siebter Verlust in Folge, IBM: Gewinneinbruch, Prognosen verfehlt, Intel: Prognosen verfehlt, J. P. Morgan: Prognosen verfehlt, Motorola: Rekordverlust, Philip Morris: Hoher Verlust wegen Abschreibungen ..., irgendwie hatte man sich unter „Aufschwung" etwas anderes vorgestellt als die derzeit eintrudelnden Quartalsbilanzen der Unternehmen. Gut, daß es inmitten all der Trostlosigkeit wenigstens eine Branche gibt, die kräftig expandiert, obschon eine moralinsaure Öffentlichkeit ihr derzeit das Leben schwer macht.

Die Rede ist vom professionellen „Gibst-du-mir-geb-ich-dir", laut Handelsblatt *der* „Wachstumsmotor" in der ansonsten eher gebeutelten Kommunikationsbranche. Schon jetzt erwirtschaften Lobbyisten zwischen fünfzehn und zwanzig Prozent der Honorarumsätze großer PR-Agenturen; Tendenz steigend. Etwa 15 000 Interessenvertreter in Brüssel verdienen ihre Brötchen damit, rund 20 000 EU-Beamte zu bearbeiten, und auch in Berlin bauen große Anwaltskanzleien ihre Lobbyarbeit aus. 1726 Gruppen sind allein in der offiziellen Lobbyliste des Bundestages registriert. Selbstverständlich gehe es beim Geschäft der honorigen Public-Affairs-Berater „nicht darum, zu mauscheln", betont selbige Wirtschaftszeitung, sondern lediglich, „die Themen gegenseitig transparent zu machen".

Die derzeitige öffentliche Diskussion wird daher als konjunkturschädigend – und im übrigen als pure Heuchelei – mißbilligt. Als ob mit Scharping und Özdemir irgend etwas bekannt geworden wäre, was nicht längst jeder wüßte! Lobbyisten gehörten schließlich „zum Abgeordnetenalltag – wie Ausschußsitzungen".

Wo das Handelsblatt recht hat, hat es recht. Bereits im März 1999 hatte die Frankfurter Allgemeine Zeitung ihrer Klientel

31

in aller Öffentlichkeit einige Tips verabreicht, wie Politikerkauf auf elegante Weise zu bewerkstelligen sei. Überschrift: „Auf Abbau der Arbeitslosigkeit berufen / Die Opposition nicht vergessen/ Lobbying als strategische Aufgabe" (FAZ 8.3.99) Zunächst wurden damals mögliche Verunsicherungen ob des Regierungswechsels ausgeräumt: „Mit guten Argumenten ... konnten Lobbyisten auch beim kleineren Regierungspartner durchaus Einfluß ausüben", wußte die FAZ, und meinte gewiß nicht nur Herrn Özdemir. Zudem finde man in den Bundesbehörden „zumindest auf der fachlichen Ebene, manchmal auch noch im Leitungsbereich ... die gewohnten Ansprechpartner". Dann folgt das nötige Knowhow: Es gelte „beim Gegenüber einen Informationsvorsprung zu schaffen". Lobbyisten müßten „immer präsent sein. Ihre Forderungen seien maßvoll, sie seien glaubwürdig". Empfohlen werden insbesondere Kontakte zu Ausschußvorsitzenden im Bundestag, Fachsprechern der Fraktionen, einzelnen Abgeordneten im Europäischen Parlament und deutschen Kommissaren in der Europäischen Kommission.

„In den Abgeordnetenbüros, in den Cafeterien, in den Brüsseler Restaurants rund um den Glaskasten des Parlaments in der Rue Wirtz, überall treffen sich diskrete Gesandte von Konzernen und Verbänden mit EU-Parlamentariern", erläuterte dieser Tage das Handelsblatt (26.7.02) die Funktionsweise unserer zivilisatorischen Errungenschaft „Demokratie". Als Prototyp erfolgreicher Praxis könne folgender Fall aus Deutschland gelten: „So wollte eine große amerikanische Hamburger-Kette" – Dezenz ist angesagt; auch das Handelsblatt will keine potentiellen Werbekunden verprellen! – „Mitte der 80er Jahre auch an Autobahnen verkaufen. Doch die Raststätten waren fest in staatlicher Hand. Ein Fall für einen ausgebufften Lobbyisten. Ein paar Anrufe bei bekannten ‚Stern'-Reportern, so erzählt der PR-Experte, schon erschien 1985 eine vierseitige Story in dem Magazin. Thema: Die miserablen deutschen Autobahn-Raststätten – Besserung nur durch Privatisierung zu erwarten. Das Interesse der Öffentlichkeit war geweckt. So konnte der Lobbyist zwei befreundete Abgeordnete überzeugen, eine Anfrage zur Privati-

sierung der Raststätten zu starten. 1990 schließlich eröffnete die Fastfood-Kette ihr erstes Restaurant an der Autobahn."
Was freilich die wirklich Großen von den wirtschaftlichen Mittelfeldspielern unterscheide, sei, daß sie des Umwegs über die Agenturen gar nicht bedürfen. „Wenn etwa Daimler-Chef Jürgen Schrempp ein politisches Anliegen hat, spricht er oft direkt mit dem Bundeskanzler oder den Ministern. Die Mitarbeiter im Berliner Daimler-Büro verfolgen die Sache dann weiter." Einer, der ebenfalls „politische Anliegen" und den direkten Draht hat, ist Allianz-Chef Schulte-Noelle. In einem am 22. Juli im Handelsblatt erschienen Interview zeigt er sich überzeugt, daß die Nach-Wahl-Regierung „... das mit Volldampf in Angriff nimmt, was in kleineren Gesprächsrunden längst unumstritten ist". Das betreffe insbesondere „kraftvolle und zukunftsweisende Entscheidungen" auf dem „strangulierten Arbeitsmarkt" sowie in der Gesundheitspolitik. Dabei hält sich Schulte-Noelle nicht damit auf, zwischen Schröder und Stoiber zu differenzieren, sondern konstatiert, er könne „in persönlichen Gesprächen mit den Politikern der einen oder andern Seite ... gar keine so großen Unterschiede feststellen".
Nachzutragen wäre, daß professionelle PR-Pflege natürlich nicht die einzige im konjunkturellen Jammertal fröhlich prosperierende Branche ist. Auch der europäische Luftfahrt- und Rüstungskonzern EADS erfreute die Wirtschaftswelt kürzlich mit der optimistischen Prognose, sein Umsatz im Militärgeschäft werde von derzeit 6 Mrd. Euro bis 2004 um mindestens die Hälfte auf 9 Mrd. Euro ansteigen. Und noch eine kleine Meldung purzelte weithin unbemerkt ins Sommerloch: „Rüstungsexport kommt auf den Prüfstand. SPD- und CDU-Politiker fordern Aufweichung der strengen Ausfuhrrichtlinien." (HB 12.7.02) Um die Rentabilität von PR-Investments muß man sich also keine Sorgen machen.

3. August 2002

Abwärtssog

War es vor Jahresfrist in der einschlägigen Wirtschaftspresse noch verpönt, auch nur den Begriff „Rezession" zur Beschreibung der aktuellen Lage zu verwenden, haben sich inzwischen viel bösere Worte eingeschlichen. Statt über kapitalistische Effizienz und kreatives Unternehmertum sinnieren stockkonservative Leitartikler über ein möglicherweise Jahrzehnte anhaltendes Siechtum der westlichen Ökonomien. Das Schicksal Japans, über das in den letzten Jahren kaum einer nachdenken mochte, ist plötzlich allgegenwärtig, von einer drohenden Deflationsspirale, ja von Weltwirtschaftskrise ist die Rede. „Nimmt man die Daten der US-Wirtschaft unter die Lupe, packt einen der Schreck. Und … in Asien und Europa sieht es nicht besser aus", bangt das Handelsblatt. In düsteren Kommentaren werden Parallelen zwischen 1929 und 2002 gesucht und gefunden. Und jeder neuen Börsenmeldung folgt das gleiche Klagelied: Es gäbe keine „sicheren Häfen" mehr; alle „sinnvoll herleitbaren Unterstützungsniveaus" seien durchbrochen, es gehe haltlos bergab und bergab und bergab, und keiner wisse, wie weit noch und wie lange.

Bushs Konjunkturreden der letzten Wochen mit ihrer billigen Aufschwungpropaganda wurden von der Wall Street regelmäßig mit dreistelligen Verlusten quittiert. Offenbar um seine Glaubwürdigkeit besorgt, rudert jetzt auch Alan Greenspan zurück. Hatte er in seiner Juli-Rede noch versucht, Optimismus zu verbreiten und der US-Ökonomie 3,5 Prozent Wachstum für dieses Jahr angedichtet, gesteht die amerikanische Zentralbank Fed jetzt „für die überschaubare Zukunft" das „Risiko einer weiteren wirtschaftlichen Abschwächung" ein. Die Zinsen wurden nach allgemeiner Auffassung in dieser Woche nur deshalb nicht erneut gesenkt, damit, wenn alles noch viel schlimmer gekommen ist, der mindeste Spielraum bleibt. In Wahrheit glaubt wohl auch niemand mehr daran, daß eine erneute Zinssenkung die Talfahrt stoppen könnte. Immerhin befinden sich die US-Leit-

zinsen mit 1,75 Prozent bereits heute auf dem niedrigsten Stand seit vierzig Jahren. Und das Beispiel Japan zeigt, daß handfeste kapitalistische Krisen auch mit Zinsen nahe Null nicht zu besiegen sind.
In dem allgemeinen Tohuwabohu melden sich auch immer mal wieder Optimisten zu Wort, die darauf beharren, daß die Kurse bald wieder steigen müßten, da es sich beim statthabenden Börsencrash lediglich um die Bereinigung einer spekulativen Blase handele. Irgendwann befänden sich Unternehmensgewinne und Kurswert wieder in einem vernünftigen Verhältnis, und dann wäre der ganze Albtraum vorüber. Nur: niemand weiß, wann jenes „vernünftige Verhältnis" erreicht ist. Im Dezember 1996, als Alan Greenspan das erste Mal vor einem „irrationalen Überschwang" an den Börsen warnte, bewegte sich der Dow Jones knapp 20 Prozent *unter* heutigem Niveau.
Die marxistische These, daß es sich beim Aktienkurs um die zum herrschenden Zinsfuß – zuzüglich eines gewissen Risikoaufschlags – kapitalisierten Unternehmensprofite handelt, gilt zwar über längere Frist auch heute noch. Aber zum einen handelt es sich bei den kursrelevanten Profiten nicht um die vergangenen, sondern um die zukünftigen, die keiner genau kennt und von denen im Abwärtssog alle annehmen, daß sie jedenfalls unter den heutigen liegen. (Zumal auch die vielfach nicht rosig sind, weshalb das Kurs-Gewinn-Verhältnis amerikanischer Aktien mit Werten von rund 35 heute beinahe so hoch ist wie auf dem Gipfel des Booms.) Zum anderen – reale Profitentwicklung hin oder her – genügt es zur Fortschreibung der Kursstürze völlig, wenn alle erwarten, *daß alle erwarten,* daß es vorerst weiter bergab geht. Denn es ist dieses seltsam zirkuläre Kalkül, das die reale Kursdynamik regelt. In einem durch vorwiegend spekulative Kapitalbewegungen beherrschten Markt kann die „längere Frist", in der sich die Fundamentaldaten durchsetzen, nämlich ziemlich lang werden und beschreibt ohnehin nur einen Trend. Ansehen und Erfolg von Analysten, Brokern und Hedgefondsmanagern aber hängen nicht von der korrekten Voraussicht langfristiger Trends, sondern vom Ausnutzen der kurzfristigen

Schwankungen ab. So wie in Boomphasen – egal, ob einzelner Branchen oder der Gesamtökonomie – lange mit Erfolg darauf spekuliert werden kann, daß der Aktienkurs die realistisch erwartbare Profitsteigerung weit überzeichnet, kehrt sich das Kalkül im Krisenprozeß um.

Zumal man bei richtiger Voraussicht (oder verläßlichen Informanten) auch an fallenden Kursen glänzend verdienen kann. Nicht nur durch rechtzeitiges Abstoßen der eigenen Aktien, sondern auch, indem man den Kursverfall selbst in klingende Münze verwandelt. Leerverkäufer etwa, sogenannte Short Seller, leihen sich bei einem Händler, einer Bank oder einem Fond Aktien gegen Gebühr, die sie an der Börse verkaufen. Sinkt dann tatsächlich der Kurs, kaufen sie die Aktien zu dem niedrigeren Preis und geben sie dem Leihgeber zurück. Die Differenz ist ihr Gewinn. Leerverkäufe in großem Stil können den Kursverfall einer Aktie erheblich beschleunigen, da sie einerseits das Angebot zusätzlich erhöhen, andererseits vorhandene Leerpositionen in Aktien zumindest in den USA veröffentlicht werden. Ein hohes Potential gilt als Abwertungsindiz und kann die Verkäufe, auf die die Short Seller spekulieren, tatsächlich auslösen. Nachweislich hatten Leerverkäufer etwa beim Absturz der Telekomaktie oder auch der von SAP ihre Hände im Spiel. Dennoch: Spekulanten sind für das Auf und Ab der Börse in letzter Konsequenz ebenso wenig verantwortlich wie deregulierte Finanzmärkte für kapitalistische Krisen. Beide sind nichts als Katalysatoren und Verstärker. Sie haben den US-Boom durch Vorspiegelung gewaltiger Vermögenszuwächse des amerikanischen Mittelstands weit über die eigentliche Kaufkraftgrenze hinaus verlängert und rächen sich jetzt, indem sie die Abwärtsdynamik potenzieren.

17. August 2002

Profitable Fluten

„Auftragsflut in Sicht", titelte dieser Tage das Handelsblatt. Gegenstand des Artikels ist nicht eine der üblichen Schönwettermeldungen eines um Schröders Wahlsieg besorgten Hofökonomen – so dick lügen angesichts der realen Lage selbst die nicht mehr – sondern die nüchterne Empfehlung, Aktien der Baubranche zu ordern. Auch Baumärkte, Einrichtungshäuser, Möbelläden und Teppichausstatter zählten zu den Firmen, die „am Großreinemachen verdienen". Die Rede ist von den Folgen der Hochwasserkatastrophe. Analysten werden zitiert, Rechnungen aufgemacht, Profitchancen durchkalkuliert. Es ist eben alles eine Frage der Sichtweise. Was für viele ein Albtraum und der Ruin von Zukunft und Hoffnung, ist für andere eine nützliche Belebung der seit Jahren lahmenden Baukonjunktur.
Es hat keinen Sinn, sich über Zynismus zu beklagen. Zeit seiner Existenz lebt Kapital in dem Widerspruch, sich nur um den Preis strangulierter Massenkaufkraft optimal zu verwerten und sich andererseits nicht verwerten zu können, wenn keiner da ist, der ihm den produzierten Kram abnimmt. Kriege und Naturkatastrophen, deren Zerstörungskraft Nachfrage erzwingt, sind in diesem Zusammenhang ausgesprochen hilfreich. Allerdings existiert auch hier das Problem, daß irgendwer seinen Geldbeutel öffnen und zahlen muß. Dies war nach den marktwirtschaftlichen „Befreiungskriegen" in Bosnien und im Kosovo der Fall, als US- und EU-Steuergelder als Kredite flossen, ebenso in Kuweit nach dem ersten Golfkrieg. In Afghanistan rinnt das Geld schon spärlicher, wohl weil der Krieg zwar inzwischen weniger beachtet, aber noch lange nicht beendet ist. Und in vielen hunger- und bürgerkriegsgeschüttelten Dauerkatastrophengebieten dieses Planeten ist schlicht gar nichts zu holen. Die in regelmäßigen Abständen wiederkehrenden Fluten in Bangladesch mit zig Tausenden Toten interessieren keinen Bauunternehmer und keinen Aktienanalysten. Anders in Dresden. Obschon auch die öffentliche Hand in

Deutschland sich in den letzten Jahren erfolgreich arm reformiert hat, stand von Beginn an fest, daß die zerstörte Infrastruktur wiederaufgebaut und den Betroffenen wenigstens eine minimale Entschädigung gezahlt werden muß. Offen war einzig, wessen Portemonnaie dafür herhalten sollte. Und der Zank darüber begann, noch während das Wasser durch die Dämme schwappte. Wäre nicht gerade Wahlkampf, hätte die Lösung vermutlich in einem Flutopfersondersolidaritätszuschlag bestanden, oder – sozial noch ein bißchen grausamer – in einer neuen Verbrauchssteuer auf irgendein schwer vermeidbares Konsumgut. Vielleicht würden wir dann künftig nicht nur für die Rente tanken und für Schilys Polizeistaat rauchen, sondern auch für Sachsens Straßen trinken. Solche Ideen verboten sich allerdings vier Wochen vor dem Urnengang. Schließlich hat Stoiber in diesem Wahlkampf schon mehrfach bewiesen, daß er sich auch aufs Ziehen der populistischen „Mein-Herz-gehört-dem-kleinen-Mann"-Karte versteht. Inzwischen ist beschlossen: Es gibt keine Steuererhöhungen, aber die zweite Stufe der Steuerreform wird um (mindestens?) ein Jahr verschoben und geschätzte 6,3 Milliarden Zusatzeinnahmen, die daraus resultieren, fließen in die Elbregionen.

Nun ist Schröders Steuerreform zu Recht alles andere als ein Objekt linker Sympathie, und die seinerzeitige Zustimmung der PDS im Bundesrat gehört zu jenen unverzeihlichen Sündenfällen, deren Summe sich heute in mageren Umfragewerten rächt. Dennoch: Was da um ein Jahr verschoben wurde, ist in erster Linie jener einzige kleine Teil des unsäglichen Projekts, den man guten Gewissens noch rechtfertigen konnte. Aufgeschoben ist zwar auch die weitere Senkung des Spitzensteuersatzes um 1,5 Prozent, der übergroße Teil der geplanten Einnahmen aber rührt daher, daß die versprochene Senkung des Eingangssteuersatzes um knapp 3 Prozent nicht stattfindet und die Freibeträge nicht, wie beabsichtigt, angehoben werden. Beides trifft vor allem Gering- und Mittelverdiener. Die bereits in kraft getretene Senkung der Spitzensteuern um insgesamt 4,5 Prozent wird dagegen ebenso wenig zurückgenommen wie das milliardenschwere

Geschenkpaket an die deutsche Wirtschaftselite, das seit 2001 dem Fiskus in bestimmten Bereichen die Hände bindet.

Um welche Beträge es bei letzterem geht, zeigt die Entwicklung der Körperschaftssteuer. Hatte diese Steuer dem Staat im Jahr 2000 noch 23 Milliarden Euro Einnahmen gebracht, wies sie 2001 erstmals in der bundesdeutschen Geschichte ein negatives Ergebnis aus: Während jedem Kleinverdiener Monat für Monat sein Obolus vom Gehaltszettel abgezogen wird, überwiesen die Finanzämter der Dax-Aristokratie per Saldo 425 Millionen Euro. Aus der Steuer war eine versteckte Subvention geworden, und das keineswegs als einmaliger Ausrutscher. Für die ersten sechs Monaten diesen Jahres liegt der Negativsaldo bereits bei 1,3 Milliarden Euro. Im Juli kamen weitere 563 Millionen dazu. Ursache dieser seltsamen Verkehrung im Steuergeldfluß sind spezielle Regelungen in Eichels Meisterwerk, die es den Kapitalgesellschaften gestatten, sich in den Jahren vor der Reform zu den alten Sätzen gezahlte Steuern zurückzuholen. Nach offizieller Schätzung beträgt das Polster, das sich auf diese Weise versilbern läßt, etwa 30 Milliarden Euro. Vielleicht sind es auch mehr, keiner weiß es genau, und keiner will es genau wissen. In jedem Fall gehen viele Steuerschätzer inzwischen davon aus, daß die öffentliche Hand aus edlen Konzernzentralen auf absehbare Zeit kaum einen müden Euro mehr bekommt. Weder für die Flutopfer, noch für sonst irgendwas. Der 1,5- Prozentige Zuschlag zur Körperschaftssteuer, den Schröder – witzigerweise auf Druck der Union – am Ende noch in das Wiederaufbau-Finanzierungspaket aufgenommen hat, wirkt in diesem Kontext wie ein trüber Scherz, und das Theater der Wirtschaftsverbände riecht nach Inszenierung. Es ist wie immer: Otto Normalverbraucher zahlt die Zeche; und damit zum Schaden auch der Spott nicht fehlt, wird er sich demnächst im Handelsblatt wieder für seine Konsumunlust getadelt finden.

31. August 2002

Der Boss und sein Kanzler

„Der Boss und sein Kanzler", hatte das Handelsblatt am 6. Juli die Klassenverhältnisse in einer Bildunterschrift auf den Punkt gebracht. Die Photomontage, unter der der zitierte Satz steht, zeigt einen selbstbewußten Eon-Chef Hartmann; neben ihm, klein und in Demutshaltung, Gerhard Schröder. Tags zuvor hatte Staatssekretär Tacke die Übernahme der Ruhrgas AG durch Eon per Ministererlaubnis bewilligt. Ausgekungelt hatten Hartman und Schröder den Deal spätestens im Oktober 2001. Was folgte, war eine halbjährige Aufführung absurden Theaters. Das Bundeskartellamt lehnte die Fusion, die fast zwei Drittel des deutschen Gasmarktes einem einzigen Unternehmen übereignen wird, erwartungsgemäß ab. Es hätte die mit dem Sachverhalt befaßten Ökonomen aber ebensogut zum Golfspiel auf die grüne Wiese schicken können; noch während sie prüften, wurde die Ministererlaubnis in Aussicht gestellt. Die in diesem Verfahren zu hörende Monopolkommission teilte gleichfalls mit, sie sähe keinen einzigen Grund, weshalb Eons Übermacht dem Allgemeinwohl dienen sollte, – die Bedingung einer Ministererlaubnis. Am 29. Mai wurde dem Gesetz Genüge getan, das Für und Wider in öffentlicher Anhörung abzuwägen. Der mit der Ministererlaubnis betraute Tacke war gar nicht erst erschienen, Hartmann verschwand, nachdem er sein Statement verlesen hatte. Unterdessen verhandelten beide ungestört von Öffentlichkeit über Auflagen, die Eon nicht schmerzen und Tackes Gesicht wahren würden. Der einzig ernstzunehmende Konkurrent RWE wurde durch versprochenen Zugriff auf die noch in Eon-Besitz befindliche Gelsenwasser AG in den Handel eingebunden.
Ergebnis der Kungelrunden war eine Aufteilung des deutschen Energiemarktes, wie sie perfekter nicht sein konnte: An Eon fällt das faktische Gasmonopol, an RWE das nicht minder renditeträchtige der Wassersparte; das Ölgeschäft überlassen beide den in diesem Bereich ohnehin überlegenen Konzernen Shell und

BP; im Strommarkt, den Eon und RWE gemeinsam zu annähernd drei Vierteln kontrollieren, müssen sie weiterhin miteinander auskommen. Die Intensität ihrer Konkurrenz läßt sich anhand ihrer Bilanz ermessen: RWE hat sein Betriebsergebnis im Stromgeschäft im ersten Halbjahr 2002 um 46 Prozent gesteigert, Eon um 62 Prozent.

Der Deal war lange festgezurrt, als eine Unbill auftrat, mit der offenbar keiner gerechnet hatte: Ein Richter am OLG Düsseldorf hatte noch nicht ganz vergessen, daß ihm im Oberseminar einst gelehrt wurde: Liberalisierung – und sinnigerweise läuft die Schieberei ja unter diesem Namen – habe etwas mit Wettbewerb zu tun. Er gab der Klage der Fusionsgegner – vor allem Energiehändler und kleine Stadtwerke – per einstweiliger Verfügung statt; Verfahrensmängel der allzu selbstsicheren Dealer machten die Begründung leicht. Seither folgt des absurden Stückes zweiter Teil. Donnerstag letzter Woche wurde zu einer neuen öffentlichen Anhörung geladen. Die gleiche Gesellschaft lauschte zum zweiten Mal den gleichen Argumenten. Im Unterschied zum Mai harrte Hartmann diesmal höflich bis zum Ende aus, und Tacke war nicht nur anwesend, sondern soll sich sogar Notizen gemacht haben.

In Wahrheit wird nur an der Ausbügelung formaler Fehler und einigen neuen Auflagen gefeilt. Es geht um viel zu viel, als daß man sich die Suppe von einem Richter versalzen ließe. Objekt der Begierde sind nämlich nicht nur die Milliarden, die sich am bundesdeutschen Markt verdienen lassen. „Wenn der angestrebte Spitzenplatz in der Europaliga der Energieversorger erobert werden soll", erläutert das Handelsblatt die Ziellinie, „muß jetzt dynamisch gehandelt werden. ... Die Felder in Rußland oder Norwegen als der langfristig wichtigsten [Gas-]Lieferanten Deutschlands werden jetzt verteilt. Mit der reichlich gefüllten Eon-Kasse könnte Deutschlands größte Ferngasgesellschaft ihr internationales Engagement deutlich ausbauen." Der Monopolprofit im Heimatraum ist Mittel, internationale Expansion und Vorherrschaft der Zweck. Eon stiege mit Ruhrgas zum größten kombinierten Gas- und Stromunternehmen Europas auf. Mit dem heimischen Wassermonopol im Rücken kann RWE den Großen im Wassergeschäft, Vivendi und Suez, Paroli bieten. Sehr bewußt ging Deutschland von Beginn an bei der Privatisierung seiner Energiemärkte einen Sonderweg: Nicht eine Regulierungsbehörde, sondern die Giganten selbst wachen hier über „wettbewerbkonformes Verhalten".

Dennoch: Wer private Monopole am Energiemarkt kritisiert, sollte die Betonung auf *privat* und nicht auf *Monopol* legen. In Ländern, die das neoliberale Credo wörtlicher nahmen, sind die Ergebnisse um nichts erfreulicher. Die früh privatisierte britische Energiebranche etwa hat viele ausländische Wettbewerber angelockt; die Großhandelspreise für Strom sind um 30 Prozent gefallen. Rege mit im Geschäft auch dort: RWE und Eon. Letzterer sponsert Verluste seiner britischen Tochter aus der heimischen Kriegskasse: Mithalten, bis anderen die Luft ausgeht, lautet das Credo. Der größte britische Stromerzeuger, British Energy, mußte dieser Tage von der Regierung Finanzhilfe in Höhe von mehreren hundert Millionen Pfund erbitten. Andernfalls drohe die Pleite des 1996 in die effizienten Hände privaten Unternehmertums übergebenen Konzerns. Der erste Steuergeld-Scheck zur Subventionierung des Privatisierungsdesasters ist auf dem Weg. Der letzte wird es nicht gewesen sein. Brisant ist das Ganze nicht nur, weil der Pleite-Konzern rund ein Viertel aller britischen Haushalte mit Strom beliefert, sondern vor allem, weil er zu dessen Erzeugung 15 Atomkraftwerke betreibt, 8 davon in Großbritannien.

Auf der Nachbarinsel ist das Vertrauen in die Sicherheit dieser Mailer so groß, daß die Iren im Sommer ungewohnte Post von ihrer Regierung erhielten: eine Packung Jodtabletten ging an jeden Haushalt der gänzlich atomfreien Insel. Man könne nie wissen, lautete der knappe öffentliche Kommentar. Auch in Kontinentaleuropa weiß man nicht, doch wer selbst im Glashaus sitzt, wirft besser nicht mit Steinen.

14. September 2002

Hundts Erwartungen

Der Dax fiel, wie seit Monaten, auch am Montag nach der Wahl. Nicht heftiger und nicht weniger heftig. Daß desolate US-Wirtschaft, drohende Weltwirtschaftskrise und Kriegsvorbereitung am Golf die börsentäglich agilen Renditejäger weit mehr interessieren als eine Bundestagswahl, die bei allen denkbaren Konstellationen in eine wenig unterscheidbare Politik einmündet, darauf hatten Händler lange vor dem zum Schicksalstag hochstilisierten Urnengang hingewiesen. „Die beiden Kanzlerkandidaten haben sich zuletzt ohnehin kaum unterschieden", erklärt Thomas Straubhaar, Präsident des Hamburger Forschungsinstituts HWWA. Auch sein Kollege Joachim Scheide vom Kieler Institut für Weltwirtschaft betont, der Wahlausgang bedeute „nichts Gravierendes". Wollte das Großkapital Rosa-Grün oder Schwarz-Gelb oder Rosa-Schwarz? Die schlichte Antwort ist wohl: Es war ihm fast schnuppe.
Allerdings nur fast. Das „Handelsblatt" etwa hat in den letzten Monaten mehrfach pro Schröder agitiert, während Sympathiebekundungen an den schwarzen Herausforderer – spätestens seit dessen eigentümlicher Idee, die „soziale Schieflage" der Steuerreform öffentlich anzuprangern – rar geworden waren. Westerwelle wurde als das behandelt, was er ist, ein Clown. Wahlwerbung für die „Steuersenkungspartei" FDP suchte man vergeblich. Den Grund für diese Parteinahme erläutert Arbeitgeberchef Dieter Hundt in der Mittwochausgabe der „Leipziger Volkszeitung": Ein Kanzler Schröder, führt er aus, komme der Wirtschaft durchaus zugute, da „anders als bei einer unionsgeführten Regierung … die Kanzler-Partei gute Kontakte zu den Gewerkschaften" habe und dies „wichtige Einigungen" erst möglich mache. Er mag Blüms Scheitern an der Rentenfront im Sinn gehabt haben und den Umstand, daß er den gleichen Privatisierungsdurchbruch jetzt im Gesundheitswesen wünscht. Auch Zwangsleiharbeit und Ich-AG sind gegen kämpfende Gewerkschaften schwerer durchsetzbar.

Entscheidend, erklärt Hundt, sei, „welche Reformsignale in Richtung Arbeitsmarkt und Sozialversicherungssysteme von der neuen Regierung ausgehen". Und hier gäbe es Grund zur Zuversicht. Das Wahlergebnis könne daher keineswegs „die Stimmung bei den Wirtschaftstreibenden trüben".
Bar jeder eingetrübten Stimmung tut denn auch Werner Wenning, Vorstandsvorsitzender der Bayer-AG, dem Handelsblatt seine Erwartung kund, „daß die Bestätigung der rot-grünen Bundesregierung im Amt dazu führt, daß Kanzler Gerhard Schröder und seine Mannschaft mit dem gleichen Elan wie vor vier Jahren starten und die notwendigen Reformen angehen". Der Mann weiß, wovon er redet; der von ihm geführte Konzern verdankt Schröders „Elan" immerhin die Möglichkeit, trotz beträchtlicher Gewinne keinen Cent Gewerbesteuer mehr zahlen zu müssen. Selbst BDI-Chef Rogowski geht inzwischen davon aus, „daß man das Kriegsbeil begräbt", und präsentiert seine Forderungsliste: „Das Kartell der Tarif-Verträge muß geknackt werden, wir müssen einen Niedriglohnsektor schaffen, wir müssen Arbeit statt Arbeitslosigkeit unterstützen."
Meinungsverschiedenheiten in der Wirtschaftslobby gibt es allenfalls in der Frage, ob zur Realisierung dieser schönen Ziele eine Große Koalition oder die Weiterführung des Rosa-Grünen-Bunds ratsamer wäre. Für letzteren spricht, daß die Grünen ihre Rolle als Nachlaßverwalter der FDP bereits in der ersten Legislatur mit Bravour ausfüllten und dank hinzugewonnener Stärke die Umsetzung profitfördernder Gruselkataloge jetzt erheblich beschleunigen könnten. Nicht nur Davon Walton, Chefvolkswirt für Europa bei Goldman Sachs, lobt die Grünen für „ambitionierte Reformziele" und „größeren Reformhunger". Würde sich insbesondere Fischer, erläutert er, „mehr auf die Innenpolitik konzentrieren als in den vergangenen vier Jahren, könnte die Regierung es deutlich leichter haben, den Boden für strukturelle Reformen zu bereiten". Brav haben die Grünen bereits gefordert, die „Ökosteuer" genannte Mogelpackung zur Schröpfung von Otto Normalverbraucher bei gleichzeitiger Schonung der großen industriellen Energieverschwender, deren erneute

Anhebung zum 1.1.2003 ansteht, in Zukunft noch stärker auszubauen. Selbstredend sollen mit dem Geld auch künftig nicht Bus- oder Bahntickets subventioniert, sondern Unternehmer von Sozialabgaben befreit werden.
Andere Wirtschaftsfürsten allerdings befürchten, daß die Fortführung von SPD-Grün (mangels Chance, sich wirtschafts- und sozialpolitisch rechts von dieser Regierung zu profilieren!) die Union aus purem Selbsterhaltungstrieb dazu bringen könnte, es „links" zu versuchen und Schröder mit der ein oder anderen sozialpopulistischen Attacke zu ärgern. Mit einer Fraktionsvorsitzenden Merkel dürfte dies leichter fallen als mit Merz, zumal die Union das Feld jetzt nahezu allein beackern kann. Denn die Strategie, die linke Opposition in der Umarmung zu zerquetschen und am Ende parlamentarisch zu entsorgen, ist ja vorerst leider aufgegangen. Was die Konzernchefs an einem Wildern der CDU auf Sozialterrain beunruhigt, ist nicht die Sorge, daß Merkels Mannen es ernst meinen könnten, sondern die Hemmschwellen, die solche Aktivitäten Schröder unvermeidlich auferlegen. Daß auf diese Weise „die starke Opposition nun Reformvorhaben der Sozialdemokraten" blockieren könnte, befürchtet etwa Rolf Elgeti von Commerzbank Securities in London. Und wen solche Ängste umtreiben, der ruft nach Großer Koalition.
Was des einen Angst, sollte freilich längst nicht automatisch des anderen Hoffnung sein. Wirkliche Hemmschwellen sind nur durch den Druck einer spürbaren gesellschaftlichen Widerstandsbewegung aufzubauen. Als deren Teil könnte die PDS verlorenes Vertrauen und verlorene Glaubwürdigkeit wiedergewinnen. Das setzt allerdings nicht zuletzt voraus, soziale Verbrechen künftig wieder soziale Verbrechen und nicht „Gerechtigkeitsdefizite" zu nennen und Kriegstreibern à la Bush nicht länger so zu begegnen, als handele es sich bloß um Andersdenkende in Fragen Terrorbekämpfung.

28. September 2002

Umverteilung via Börse

Sie haben die „Der-Markt-hat-immer-recht"-Melodie gepfiffen, bis sie ihnen im Hals steckenblieb. Die hilflosen Kommentare der einst so selbstsicheren Leitartikler zum steilen Bergab von Kursen und Wirtschaft, der Anblick verzweifelter Börsenyuppies, deren smart-überlegenes Dauerlächeln von gestern grauen Sorgenfalten gewichen ist, all das mag bei manchem in einem unbeaufsichtigten Winkel seines Gemüts eine gewisse Genugtuung auslösen. Immerhin: Wenn, wie in Deutschland, ein Prozent der Haushalte siebzig Prozent des privat gehaltenen Aktienbestandes in ihren Depots versammeln, trifft der Börsencrash, scheint's, in der Hauptsache doch nicht die Falschen. Von den 240 Mrd. Euro, die Bundesbürger in den Jahren 2000 und 2001 in diversen Anlageformen investierten, waren laut Zählung der Bundesbank Ende 2001 noch ganze 80 Milliarden übrig. Wer aber so üppig sparen konnte (und verlor), gehörte, möchte man meinen, mitnichten zu den Ärmsten.

Aber eben auch nicht zu den Reichsten, wie uns der jüngste World Wealth Report von Merrill Lynch belehrt. Das Finanzhaus untersucht darin die Vermögensentwicklung der sogenannten High Networth Individuals (HNWI), eine Spezies, von der es weltweit etwa 7,1 Millionen Exemplare gibt – davon in der Bundesrepublik rund 730 000 –, und die sich dadurch kenntlich macht, daß sie pro Kopf über ein liquides Vermögen von mehr als 1 Million US-Dollar verfügt. (Die Betonung liegt auf *liquide*; die Summe berechnet sich also abzüglich Betriebs-, Immobilien- und sonstigem festangelegten Vermögen.) HNWI sind Leute, vor denen jedes Bankhaus den roten Teppich ausrollt und für die sich jeder Vermögensverwalter in den Staub beziehungsweise mit Ehrgeiz ins Zeug legt.

Letzteres offensichtlich mit Erfolg. Denn während der DAX seit März 2000 von über 8000 auf unter 3000 Punkte schrumpfte und der Sturz des Dow Jones das Vermögen der US-Bürger

um 5000 Milliarden Dollar dezimierte, erfreuten sich die HNWI bisher in jedem Jahr eines Zugewinns. Zwar fiel dieser 2001 mit 0,1 Prozent relativ bescheiden aus; aber auch das ist bei einem Gesamtvermögen allein der superreichen Europäer, das Merill Lynch mit 8,4 Billionen US-Dollar beziffert, keine kleine Summe. Zumal in einem Marktumfeld, in dem der Kleinaktionär, der auf Anraten von Schröder und Krug vor zwei Jahren in die vermeintliche Volksaktie investierte, heute gerade noch ein Zehntel seiner Spargroschen besitzt; ganz zu schweigen von denen, die sich bei EM.TV oder Mobilcom versuchten.
Dem geprellten Kleinsparer wird nun gern erzählt, sein Vermögen sei infolge des Crashs „vernichtet" worden. Als die Deutsche Börse das 1997 geschaffene Segment *Neuer Markt* kürzlich ad acta legte, hieß es, in diesem seien seit Frühjahr 2000 insgesamt 211 Milliarden Euro „verbrannt" worden. *Verbrannt* – das klingt nach: weg und in Rauch aufgelöst. Genau das stimmt aber nur teilweise. Wirklich verschwunden ist nämlich nur Vermögen, das real nie existierte. Beispiel Telekom: Wer 1996 100 Telekomaktien aus der ersten Tranche zum Ausgabepreis von 28 DM kaufte, konnte sich vier Jahre später in dem wohligen Gefühl wiegen, daß aus 2800 DM über 20 000 DM geworden waren. Wer es beim Gefühl nicht beließ, sondern seine Aktien verkaufte, war tatsächlich siebenmal reicher geworden. Alle anderen dagegen mußten miterleben, wie das unverhofft Gewonnene wieder zerrann und am Ende kaum die Anfangssumme übrig blieb. Dieser virtuelle Reichtum, den die Aktionäre niemals eingezahlt hatten, sondern lediglich auf dem Gipfel des Booms ihr eigen *glaubten*, ist tatsächlich einfach verschwunden. Verschwunden ist aber keine einzige DM und kein einziger Euro, der je wirklich auf den Aktienmarkt getragen wurde. Wer sich etwa im Frühjahr 2000 von der geschürten Aktieneuphorie dazu hinreißen ließ, 20 000 DM zu investieren, zahlte damit genau jenen aus, der sich in weiser Voraussicht von seinen Aktien trennte. Daß letzterer um ein Vielfaches reicher werden konnte, dankt er ausschließlich dem, der ihm – in Hoffnung auf weitere Kursgewinne – seine Ersparnisse überließ. Selbst wer Telekom- oder sonstige Aktien unmittelbar bei

der Emission erstand, hat keineswegs nur ins Unternehmen investiert. Eine halbe Milliarde verdienten allein die beteiligten Konsortialbanken am ersten Börsengang des Telefonriesen; am zweiten und dritten noch wesentlich mehr.

Der schöne Spruch „Geld verschwindet nicht, es wechselt nur den Besitzer" gilt auch auf den modernen Finanzmärkten. Noch bewegen sich Dax und Dow Jones weit über ihrem Stand Anfang der neunziger Jahre. Massiv verloren haben bis jetzt vor allem diejenigen, die sich im zurückliegenden Jahrfünft neu aufs Aktienparkett locken ließen, meist Verdiener im Mittelfeld und darunter. Nach einem Jahrzehnt rühriger Aktienwerbung und dank eines Rentensystems, das den Einzelnen, so er irgend kann, zu privater Vorsorge zwingt, besitzt in den USA heute jeder zweite Haushalt Aktien. Vor zehn Jahren waren es nicht annähernd so viele. In der Bundesrepublik ist die Anzahl der Leute, die Aktien oder Fondsanteile halten, von 5,6 Millionen 1997 auf 13,5 Millionen 2001 angestiegen. Die Zahl direkter Aktieninhaber hat sich mehr als vervierfacht. Die meisten von ihnen sind zu einer Zeit eingestiegen, als die Kurse ihre Spitzen erklommen und honorige Vermögensverwalter, die sich um das Klientel der HNWI kümmern, übereuerte Aktien speziell im Telekom-, Internet- und Medienbereich abzustoßen begannen. Schlecht beraten, mit blutiger Nase und geschrumpften Ersparnissen haben inzwischen 2 Millionen dieser Neueinsteiger dem Kapitalmarkt wieder den Rücken gekehrt. Die Börse *vernichtet* also nicht nur Vermögen, sie verteilt es vor allem auch um; in der Regel auf die dem Kapitalismus so nachhaltig eigene Weise: von unten nach oben. Daß trotz Kursverfall und Rezession Porsche in den ersten drei Quartalen dieses Jahres den Absatz ausgerechnet seines teuersten Modells um zwanzig Prozent steigern konnte, verblüfft daher nur auf den ersten Blick.

12. Oktober 2002

Gruselkatalog

Die Wirtschaftsverbände schäumen, Gewerkschafter brabbeln Lobendes, von einem „Todesstoß für die Aktienkultur" und „sozial gerechter Modernisierung" ist die Rede, – wollte man den neuen Koalitionsvertrag von SPD und Grünen anhand der Reaktionen bewerten, die er ausgelöst hat, käme man zu dem Schluß, es handele sich um ein ausgesprochen fortschrittliches Dokument. Tatsächlich beweist das Geschimpfe leider nur, daß öffentliche Verbände-Verlautbarungen längst zu Ritualen geworden sind, die bei jeder passenden oder eben auch unpassenden Gelegenheit gleichsam prophylaktisch abgespult werden, auf daß niemandem ernsthaft die Idee komme, Oberschicht und Konzernelite an den nach wie vor gut gefüllten Geldsack zu gehen.
Ähnlicher Theaterdonner begleitete Schröder bereits in seine erste Legislatur, wobei der Koalitionsvertrag von 1998 wenigstens noch das ein oder andere Stichwort dafür hergab. Zur Erinnerung: Es ging um volle Lohnfortzahlung im Krankheitsfall, um die Ausweitung des Kündigungsschutzes, um die Rücknahme Blümscher Rentenkürzungen, um das Zurückdrängen von ungesicherter Beschäftigung und Scheinselbständigkeit. Die sozialen Verbrechen Sparpaket, Steuer- und Rentenreform folgten später und waren (zumindest in ihrer realen Zielrichtung) im Koalitionsvertrag nicht angekündigt.
Das ist diesmal anders: Die soziale Rhetorik hat bereits am Wahltag ausgedient. Nüchtern gibt die Koalitionsvereinbarung zu Protokoll, was wir sonst bei den Herren Hundt und Rogowski lesen: „Hohe Sozialabgaben hemmen Wachstum und Beschäftigung.".Auch die folgenden Passagen lesen sich wie Abschriften aus bekannten BDI-Papieren. In schlechtem Deutsch werden die Psalme neoliberaler Marktanbetung repetiert – „Konsolidierung erlaubt das konjunkturgerechte Wirkenlassen der automatischen Stabilisatoren im Abschwung ..."
– und das nach einem Jahr Rezession, in dem die angeblichen

„Stabilisatoren" entfesselter Real- und Finanzmärkte die Abwärtsspirale selbstverstärkend vorangetrieben haben! Die Förderung von ungesicherter Beschäftigung und Scheinselbständigkeit steht diesmal ausdrücklich auf der Agenda. Die „Geringfügigkeitsgrenze" für haushaltsnahe Dienstleistungen – sprich: Putzen, Kochen, Babysitten für jene, die sich solche Dienste leisten können – steigt auf 500 Euro, bei abgesenkter Sozialpauschale. Die Ausweitung dieser Regelung auf andere Bereiche wird „unverzüglich geprüft".

Wer sich nicht in einem 500-Euro-Job vergnügen will, mag sein Glück als Ich-AG oder Zwangsleiharbeiter suchen. „Schnellstmöglich Punkt um Punkt" soll das Hartz-Konzept umgesetzt werden – ergänzt offenbar noch um die ein oder andere Finesse. So hatte Schröder den Gewerkschaften im Wahlkampf zugestanden, Kürzungen bei Arbeitslosengeld und -hilfe aus dem Konzept wieder herauszunehmen. Pech, am 22. September hat der Deal seine Schuldigkeit getan ... 2,3 Mrd. Euro Einsparungen sind allein im nächsten Jahr bei der Arbeitslosenhilfe geplant – der dickste Sparposten im ganzen Paket. Auch die Sozialhilfe, auf deren Niveau Arbeitslosenhilfebezieher künftig sinken werden, wird weiter nach unten gedrückt. Etwa durch „stärkere Pauschalierungen".

Der Verdacht, daß dieser finstere Katalog jedenfalls die Arbeitslosigkeit im Lande nicht verringert, scheint indes auch die Koalitionäre beschlichen zu haben. Als ergänzende Maßnahme wird daher angekündigt: „... eine international vergleichbare Arbeitsmarktstatistik zu schaffen, in der nur Personen, die auch tatsächlich dem Arbeitsmarkt zur Verfügung stehen, erfaßt werden." Vorbild ist vermutlich die US-Statistik, die im September diesen Jahres zu der erstaunlichen Leistung fähig war, eine sinkende Arbeitslosenquote auszuweisen, obwohl die Zahl der Beschäftigten (die auf anderem Wege erfaßt wird) sich im gleichen Monat deutlich verringerte.

Und die vielgerügte „Giftliste" im Koalitionsvertrag? Teils ist sie – wie die höhere Besteuerung von privat genutzten Dienstwagen – inzwischen schon wieder vom Tisch. Teils bleibt sie – wie die Öko-Besteuerung energieintensiver Unternehmen – so sehr im Vagen, daß selbst das Handelsblatt inzwischen davon ausgeht, daß sich kaum etwas ändern wird. Und teils ist sie nichts als die unumgänglichste Notbremse, um den völligen Ruin der Staatsfinanzen zu verhindern. Dank Steuerreform ist das Aufkommen der Körperschaftssteuer jetzt bereits im zweiten Jahr negativ. Dennoch: Zurückgenommen wird weder die drastische Senkung der Steuersätze noch die Steuerbefreiung für Veräußerungsgewinne von Kapitalgesellschaften; auch die Möglichkeit, vor 2001 gezahlte Körperschaftssteuern mit der heutigen Steuerschuld zu verrechnen, bleibt bestehen. Sie wird lediglich über einen längeren Zeitraum gestreckt, da die Konzerne sich jetzt nur noch um maximal die Hälfte ihrer jährlichen Zahlungen drücken können. Das gleiche gilt für die Anrechnung von Verlusten. Verlustvorträge – die das deutsche Steuerrecht weit üppiger als international üblich gewährt – werden außerdem auf sieben Jahre begrenzt. Das ganze Paket soll 2003 1,4 Mrd. Euro zusätzlicher Einnahmen bringen, also im Maßstab eines 500-Milliarden-Steueraufkommens insgesamt fast nichts. Eine Rücknahme der milliardenschweren Steuergeschenke an die Dax-Elite bedeutet es in keiner Weise. Auch die Steuer auf realisierte Aktienkursgewinne, die künftig bei natürlichen Personen erhoben werden soll, ist nicht mehr als internationaler Standard. In den USA beträgt sie zwanzig Prozent, ohne daß je ein Regierender der Einführung des Sozialismus verdächtigt wurde. Schröder plant gerade mal 7,5 Prozent.

Hauptleidtragende der Koalitionsvereinbarung sind also wieder die Schwächsten; getroffen werden allerdings auch beträchtliche Teile der Mittelschichten. Alles dagegen, was die tatsächlich Reichen irgendwie behelligen könnte (Vermögenssteuer, erhöhte Erbschaftssteuer, progressive Steigerung des Spitzensteuersatzes bei Jahreseinkommen über 150 000 Euro), bleibt sorgsam ausgespart. In der Regel sind Koalitionsvereinbarungen besser als die nachfolgende Regierungspraxis. Was folgen mag, wenn schon der Vertragstext das kalte Grauen auslöst, läßt sich nur düster ahnen.

26. Oktober 2002

Steuerdrama, x-ter Akt

Rot, röter, am rötesten ... – nein, wahrlich nicht die Politik der Schröder-SPD, soll die schöne Farbe noch irgendeinen politischen Gehalt symbolisieren. Gemeint sind Eichels Haushaltszahlen, deren offizielle Neuabschätzung in der folgenden Woche ansteht. Gegeben wird dann des Steuerdramas x-ter Akt, eine Inszenierung des Bundesministeriums für Finanzen, Regie: BDI, BDA und sonstige Lobbyistenclubs des Großkapitals. Erneut werden Steuerschätzer mit wichtiger Miene ihre Schätzungen für falsch erklären und die Zahlen kräftig nach unten korrigieren, so, wie sie es in den vergangenen anderthalb Jahren immer wieder getan haben. Hatte die brave Schätzgemeinde im Mai 2001 Bund, Ländern und Gemeinden für 2002 noch ein Aufkommen von 474 Mrd. Euro vorausgesagt, sind jetzt noch Einnahmen von maximal 440 Mrd. Euro im Gespräch. Im Steuersäckel allein des Bundes fehlen 13 bis 14 Mrd. Euro gegenüber den im Haushalt veranschlagten Zahlen. Daß ein Nachtragshaushalt nötig wird, ist inzwischen amtlich. Anstelle der bisher kalkulierten 21,1 Mrd. Euro Neuverschuldung wird das Defizit des Bundes bei 33 bis 36 Mrd. Euro liegen. Waigels alte Defizitrekorde von umgerechnet 40 Milliarden sind zum Greifen nahe.

Da die Investitionen des Bundes lediglich 25 Mrd. Euro betragen, ist dieser Haushalt strenggenommen verfassungswidrig. Gleiches gilt für die Haushalte nicht weniger Bundesländer. Bereits bis August hatten deren Kassenwarte mit einem Defizit von 24 Mrd. Euro den für das Gesamtjahr 2002 kalkulierten Rahmen von 19,9 Mrd. ohne Zaudern hinter sich gelassen. Den Kommunen steht das Wasser eh bis zum Hals.

Ursache des Einnahmedesasters auf allen Ebenen ist neben der gesamtwirtschaftlichen Ebbe (offiziell erwartet: 0,4 Prozent BIP-„Wachstum" in diesem Jahr) die im Sommer 2000 beschlossene Steuerreform. Die Körperschaftssteuer etwa, die einst zweistellige Milliardenbeträge in die öffentlichen Kassen spülte, schreibt dank der Neuregelungen bereits im zweiten Jahr rote Zahlen. Zumindest ein Aufkommen von 7,9 Mrd. Euro hatten ihr die Steuerschätzer irrtümlich für dieses Jahr prophezeit. Auch die Gewerbesteuer bricht weiter ein, 2001 lag das Minus bei zwölf Prozent, in diesem Jahr wird der Vorjahreswert nochmals um etwa elf Prozent unterboten. Großunternehmen wie Eon, RWE, Bayer, BASF oder Bertelsmann zahlen längst nichts mehr.

Abhängige Beschäftigte haben diese Wahl zwar nicht; aber wo wenig ist, kann auch der ungemütlichste Fiskus nicht immer mehr holen. So blieb auch das Lohnsteueraufkommen mit einem Plus von 0,5 Prozent (September 2002 im Vergleich zum Vorjahresmonat) deutlich unter den offiziell erwarteten Werten. Verantwortlich dafür ist nicht nur die wieder ansteigende Arbeitslosigkeit. Der minimale Zuwachs belegt auch, daß trotz Tarifsteigerungen von durchschnittlich 3 Prozent die Einkommen abhängig Beschäftigter 2002 im Schnitt erneut unterhalb der Preissteigerung verharrten. Gründe sind die wachsende Zahl nicht tarifgebundener Arbeitsverhältnisse (im Osten betrifft dies inzwischen die Mehrzahl der Beschäftigten) oder auch die Verrechnung der neuen Tarife mit ehemals übertariflichen Leistungen, wie sie in Großunternehmen dieses Jahr gängige Praxis war. Die Umsatzsteuer wird im Jahresvergleich um schätzungsweise 2,5 Prozent steigen, ein Wachstum nur wenig über der Inflationsrate. Auch dies ein Ergebnis strangulierter Binnenkaufkraft und der schon seit Jahren anhaltenden Krise im Einzelhandel. Insgesamt liegen die Steuereinnahmen von Januar bis September 2002 um 3,5 Prozent unter den Vorjahreswerten. Noch im Mai 2002 hatten sich die werten Steuerschätzer auf ein Einnahmeplus von 2,1 Prozent für das Gesamtjahr festgelegt. Angesichts der nahezu vollständigen Steuerbefreiung profitabler Großunternehmen, stagnierender bis sinkender Masseneinkommen, rückläufiger Beschäftigung und Pleiterekorden im Mittelstand sind die realen Zahlen allerdings nicht erstaunlich. Alle Schuldenlöcher gemeinsam ergeben laut EU-Berechnung in diesem Jahr ein deutsches Etatdefizit von 3,7 Prozent des BIP.

Daß ausgerechnet die Bundesrepublik, die für Maastricht-Vertrag und Stabilitätspakt – drakonische Schuldenkriterien und die Zielvorgabe eines ausgeglichenen Haushalts bis 2004 eingeschlossen – an vorderster Front gekämpft hat, bereits im zweiten Jahr die hausgemachten Vorgaben verfehlt, entbehrt nicht einer gewissen Komik. Aber so sehr Maastricht nebst Folgeverträgen einem reaktionären Geist entsprang, so falsch wäre es, Schuldenmacherei gleich für fortschrittlich zu halten. Keynesianische Konjunktursteuerung, die inzwischen selbst in der deutschsprachigen Wirtschaftswissenschaft ein zaghaftes Akzeptanz-Comeback erlebt (in der amerikanischen hatte sie immer ihren Platz) mag sympathischer sein als das Abwürgen jeder konjunkturellen Regung durch dumpfbackene Austeritätspolitik. Wahr ist aber auch: Staatliches deficit spending ist die profitkonformste Antwort auf das kapitalistische Nachfrageproblem: Es ist einer der wenigen Wege, Nachfrage zu schaffen, die im Prozeß der Kapitalverwertung nicht zugleich als Kostenfaktor in Erscheinung tritt. Anders als aktive Lohnpolitik oder steuergelenkte Umverteilung von oben nach unten schmälert sie die Renditen nicht, sondern schafft, im Gegenteil, auf Steuerzahlers Kosten eine zusätzliche rentable Anlagesphäre für das private Kapital.

Natürlich wären schuldenfinanzierte Sozialleistungen immer noch besser als gar keine. Wenn die Schulden allerdings in erster Linie daher stammen, Konzerne und Vermögende aus jeder Steuerpflicht zu entlassen – und wenn sie mit radikalem Sozialabbau einhergehen –, ist an solcher Politik kein Hauch mehr progressiv. Man sollte nicht vergessen: Auch Bush, der einen mehr als ausgeglichenen Haushalt übernommen hat und dank massiver Steuersenkungen für Wohlverdienende und forcierter Kriegs- und Rüstungspolitik heute tiefrote Zahlen schreibt, könnte sich mit Recht ein Keynes-Schüler nennen. Dessen Lehren sind daher, selbst wenn die Politik ihnen folgt, längst kein Ersatz für reale Verteilungskämpfe.

9. November 2002

Kommissionsunwesen

„Wenn du nicht mehr weiter weißt, gründe einen Arbeitskreis ..."
Aus diesem schönen Spruch, in der Regel auf Situationen ehrlicher Hilflosigkeit angewandt, hat Schröder eine Strategie gemacht. Sie soll eines seiner Grundprobleme lösen, das da lautet: Wie nutze ich die parteinahen Milieus als Ausführungsorgane meiner Politik, ohne Gefahr zu laufen, ihnen als Gegenleistung irgendeine Form inhaltlicher Mitsprache zugestehen zu müssen?
Auch wenn es öffentlich nur selten auffällt: Es gibt natürlich in der SPD noch das ein oder andere Mitglied, dessen Parteibuch nicht daher rührt, daß eine CDU-Ortsgruppe gerade nicht verfügbar war oder man just mit deren Ortsvorsitzenden eine der beliebten Nachbarschaftsfehden ausfocht. Es gibt die Alten, die früher noch viel von Freund und Feind, von Kapitalismus und Solidarität gelernt und bis heute nicht vergessen haben. Es gibt die unzähligen engagierten Gewerkschaftsfunktionäre, von denen zumindest die auf unterer und mittlerer Ebene Tätigen die Folgen der Schröder-Politik tagtäglich hart zu spüren bekommen; und auch die in der persönlichen Kariereplanung Strebsameren in den höheren Rängen wissen zumindest eines: daß alle paar Jahre der Tag kommt, an dem sie wiedergewählt werden müssen. Und es gibt offenbar bis in höchste SPD-Gremien hinein Leute, die nicht begreifen wollen, weshalb die Konzernchefs aus Schröders Rotwein-Runde SPD-Gesetzesvorschläge inzwischen so unmittelbar diktieren, daß selbst Frau Merkel kein anderes Gegenargument mehr einfällt als auf „gebrochene Wahlversprechen" und „soziale Schieflagen" zu verweisen.
Schröder kann diese Milieus nicht frontal brüskieren, da die Durchsetzungskraft seiner Politik – und damit seine Überlegenheit gegenüber der CDU in den Augen von Hundt & Co – gerade darauf beruht, daß sie seinen Kurs, mit dem für Akzeptanz nötigen Stallgeruch versehen, nach unten übermitteln. Aber

Schröder muß zugleich darauf achten, daß sie seine Vorhaben nicht durch Transmissionsversuche in umgekehrter Richtung stören.

Zur Beseitigung dieses Störfaktors hat er ein Rezept entwickelt, das seinem Ahnen Brüning – bei aller sonstigen Ähnlichkeit – mangels moderner Medien noch nicht zur Verfügung stand. Es besteht in folgendem Dreischritt: 1. Suche einen Sachverständigen, der vor allem von einer Sache – den Interessen und Wünschen der Konzernlobby – etwas verstehen muß und setzte dem zuständigen SPD-Minister eine Kommission vor die Nase, die dieser Fachlobbyist leitet; 2. beauftrage ihn, ein Exzerpt aus BDI-Papieren und der persönlichen Wunschliste honoriger Dax-Vorstände anzufertigen, laß ihn drei, vier spezielle Grausamkeiten hinzufügen, die nach allgemeiner Aufregung wieder zurückgenommen werden können; 3. sorge dafür, daß die Medien die Vorschläge als Ausdruck höchster Kompetenz, als kreativ und unsagbar neu abfeiern, und organisiere dadurch einen Druck, der die Umsetzung zu einer Frage des öffentlichen Ansehens der Partei und des Kanzlers höchstpersönlich macht: Wir können dahinter nicht zurück, Genossen, das müßt Ihr doch einsehen!

Dieses Rezept hatte seine erste Bewährungsprobe, als Riester nach Abschuß der gesetzlichen Rente keine Neigung zeigte, auch noch als Wegbereiter eines amerikanisierten Arbeitsmarktes in die Geschichte einzugehen. Der Sachverständige hieß damals Hartz, und das vielbelobte Ergebnis ist eine Arbeitsmarktreform, die Hire and Fire bei Niedriglöhnen auch hierzulande zum Alltag machen wird. Der nächste Delinquent, den es mundtot zu machen gilt, heißt Ulla Schmidt. Auch Frau Schmidt gehört zweifelsfrei nicht zur Parteilinken. Aber immerhin hat sie eine Absage an Zwei-Klassen-Medizin sowie das Wörtchen Solidarität gleich mehrfach in den Koalitionsvertrag hineingeschrieben und, was schwerer wiegt, sie neigt dazu, die Pharmabranche von Zeit zu Zeit mit profitschädigenden Einfällen wie der Positivliste oder Preisabschlägen zu verstören. Auch ihre Idee, künftig Selbständige wie Beamte für die gesetzliche Rente löhnen zu lassen und womöglich alle Einkommensarten zur Berechnung heranzuziehen, kam nicht gut an.

Spätestens an diesem Punkt war die Gründung einer neuen Kommission überfällig. Offiziell hat sie unter anderem den Auftrag, zu prüfen, ob die soziale Sicherung durch eine Verbreiterung der Finanzierungsbasis im genannten Sinn verbessert werden könnte. Aber Bert Rürup, der von Schröder bestellte Vorsitzende, wäre nicht der Wirtschaftsweise, der er sich nennen darf, würde er sich mit derlei abartigen Fragestellungen befassen. Schmidts Ideen führten nur zu einer „Ausdehnung der demographieanfälligen Umlagefinanzierung", beschied er knapp und erläuterte anschließend das von ihm präferierte Modell: Die Krankheitskosten sollten von den Löhnen abgekoppelt werden, und jeder Versicherte soll künftig eine einheitliche Kopfprämie von 200 Euro zahlen. Die „Arbeitgeber" seien von der Zumutung, die Krankenversicherung ihrer Angestellten mitfinanzieren zu müssen, ganz zu befreien. Tusch bei den Verbänden!

Man muß keine hohe Mathematik betreiben, um zu wissen: von 200 Euro pro Frau bzw. Mann läßt sich ein einigermaßen zureichendes Niveau gesundheitlicher Versorgung nicht finanzieren. Auch bei den privaten Versicherern liegt der Schnitt – durch alle Altersgruppen – deutlich höher. Und denen steht immerhin frei, was die gesetzlichen Kassen wohl auch nach dem Geschmack des Herrn Rürup nicht dürfen sollten: potentiell teure, weil nicht kerngesunde Leute erst gar nicht aufzunehmen. Wie sich der Rürupsche Amoklauf gegen das Solidarsystem mit Wahlversprechen und Koalitionsvertrag vereinbaren läßt? Frau Schmidt hüllt sich in Schweigen und überläßt den Kommentar einer Sprecherin des Sozialministeriums: „Wir haben große Hochachtung vor der Kompetenz des Herrn Rürup." Punkt. Aus.

23. November 2002

Rentenklau

„Es geht nicht um den Prozentwert eines aus dem fernen Dunst des Jahres 2030 herausscheinenden Rentenniveaus, es geht um einen tiefen Schnitt in das gewohnte Paradigma der Sozialpolitik …", höhnte die FAZ im Herbst 2000, als Riester sich gerade anschickte, die Gewerkschaften mit dem Versprechen eines Rentenniveaus von 67 Prozent zu ködern und diese – Schröder-treu, wie sie leider immer wieder sind – dem fatalen Renten-Deal am Ende tatsächlich zustimmten. Dabei verbargen sich hinter den 67 Prozent bei korrekter Berechnung 64 Prozent, und auch diese hätte nur der statistische „Eckrentner" nach 45 vollbeschäftigten Beitragsjahren erhalten – also niemand. Aber nicht allein das wird die FAZ beruhigt haben. Sie wußte vor allem, daß Riester den Scheinkompromiß mit den Gewerkschaften umso leichter schließen konnte, weil er Gewißheit hatte, daß ihn dafür in zehn, geschweige denn dreißig Jahren keine Menschenseele mehr haftbar machen würde. „Nach der Rentenreform wird mit Sicherheit vor der Rentenreform sein", bekundete damals auch Ludwig Georg Braun, Präsident des Deutschen Industrie und Handelstages, seine Zuversicht. Daß Riesters Versprechen allerdings noch nicht einmal zwei Jahre halten würde, hätten vermutlich weder Braun noch die FAZ zu hoffen gewagt.

Zwar hat SPD-Fraktionsvize Stiegler den allzu rührigen Herrn Rürup inzwischen mit einiger Grobheit zurückgepfiffen und Schröder, kaum freundlicher, die unbekümmert in FDP-Gefilden wildernden Grünen getadelt; immerhin stehen im ersten Quartal 2003 wichtige Landtagswahlen an, und die SPD-Umfragewerte geben Anlaß zur Sorge. Dennoch kann man sich getrost darauf einstellen: Die nächste Rentenreform kommt noch vor 2006, und das von Rürup zu präsentierende Konzept dafür wird nicht allzu weit von jenen Ideen entfernt sein, mit denen er derzeit die Öffentlichkeit beglückt. Zudem gehört die

SPD-Entrüstung über selbige weitgehend in die Rubrik Volksveralberung, denn als man sich Rürup ins Nest setzte, waren dessen Ansichten nicht unbekannt.

Also wird wohl das Rentenalter weiter angehoben, die gesetzliche Rente noch weiter abgesenkt und die Vorruhestandsregelungen werden drastisch verschlechtert; wer im Alter noch halbwegs menschenwürdig leben will, muß tüchtig privat ansparen – so er es kann und sich außerdem nicht den falschen Fonds von seiner Bank aufschwatzen läßt.

Selbstverständlich wird sich diese wie jede Untat mit guten Gründen wappnen: Nicht politischer Wille, ausschließlich die desaströse Einnahmesituation der Rentenkassen erzwinge solche Änderungen, wird es heißen. Schuld ist, wir wissen es seit Blüm, die demographische Entwicklung. Lothar Späth hat das Einmaleins des Rentenklaus vor wenigen Tagen im Handelsblatt erneut durchbuchstabiert: Die Leute fingen halt immer später an zu arbeiten, gingen immer früher in den Ruhestand und lebten dann zu allem Überfluß auch noch immer länger. Unter solchen Bedingungen könne „die jetzige kollektive Rentensystematik für die nächste Generation nicht aufrechterhalten werden".

Leider funktioniert es immer wieder, daß ein absurder Fehlschluß nur oft genug wiederholt werden muß, bis er allgemein für logisch zwingend gilt. In Wahrheit besteht das Fundament der demographischen Renten-Lüge aus einer Ansammlung falscher Annahmen. Beispielsweise gibt es durchaus keinen Grund, weshalb in einem System, wo jeder privat vorsorgt, am Ende insgesamt mehr Geld zur Verfügung stehen sollte als in einem umlagefinanzierten. Die Rentner jeder Generation leben von dem, was die zu dieser Zeit Erwerbstätigen erwirtschaften; wenn das nicht ausreicht, wird die schönste Rendite privater Dividendenpapiere in dem Augenblick inflationär entwertet, in dem ihre Eigner sie ausgeben möchten. Wer ohne Umlage am Ende mehr hat, sind nicht alle, sondern einige: diejenigen nämlich, die dank hoher Einkommen viel ansparen können. Je breiter die private Säule, desto niedriger die Umverteilungskomponente, d.h. desto weniger müssen sie an jene abgeben, die wegen

Niedriglöhnen, Arbeitslosigkeit, Kindererziehung, Krankheit oder was auch immer keine ausreichende Vorsorge betreiben können und dann eben ins Leere gucken. Kräftig profitieren natürlich auch die Unternehmen, denn zur privaten Vorsorge gibt es keinen „Arbeitgeberanteil".

Bewußt ausgeblendet in der „Uns-gehen-die-Jungen-aus"-Debatte wird außerdem, daß wir schon sehr viel weiter wären, wenn wenigstens jeder, der erwerbs*fähig* ist, auch erwerbs*tätig* sein könnte und dies nicht als Billigjobber, sondern in sozialversicherter Beschäftigung mit ordentlichem Einkommen. Weit über 6 Millionen Menschen in diesem Land wären vermutlich heilfroh, wenn sie Gelegenheit erhielten, auf diese Weise die Renten der Rentner mitzuerarbeiten. Der Verband deutscher Rentenversicherer hat mit Recht auf die zusätzlichen Gefahren hingewiesen, die der Rentenversicherung durch Umsetzung des Hartz-Konzepts drohen. Denn Niedriglohn und Leiharbeit bedeuten eben auch weiter sinkende Beitragszahlungen. Ignoriert wird schließlich, daß die von den Erwerbstätigen geleistete Arbeit von Jahr zu Jahr produktiver wird. In den Neunzigern ist die Produktivität in der Bundesrepublik um durchschnittlich 2 bis 2,5 Prozent pro Jahr angestiegen. Die Zahl der Rentner wird zwischen 2000 und 2040 um etwa 0,75 Prozent jährlich zunehmen. Selbst wenn das Produktivitätswachstum sich halbieren würde, wäre somit die demographische Veränderung durch die Produktivitätsentwicklung mehr als ausgeglichen.

Wie bei im Grunde allem, was sich heutzutage Reform schimpft, geht es also auch bei Riester-Rürup II nicht um die Lösung realer Probleme, sondern um Interessenpolitik. Nach Angaben des Statistischen Bundesamtes kann sich über ein Drittel der Bevölkerung wegen zu geringer Einkommen ohnehin keine private Altersvorsorge leisten. Diese Zahl einer Bundesbehörde dürfte auch Schröder kennen. Ohne Skrupel werden also Verarmung und soziale Not in Kauf genommen, mit Folgen, die man längst auf den Straßen von Los Angeles oder London besichtigen kann.

7. Dezember 2002

Weihnachtsgabe

Niedersachsens und NRWs Regierungschefs Gabriel und Steinbrück gäben sich „ganz unideologisch", befand dieser Tage das Handelsblatt. „Unideologisch" ist natürlich im Sprachgebrauch dieser Zeitung – wie in gewissen linken Kreisen – positiv besetzt und lobend gemeint. Während unter Linken mit diesem Attribut zumeist einer bezeichnet wird, in dessen Weltsicht die klassen- und interessenlose Gesellschaft bereits existiert (und der sich seltsamerweise meist dennoch in der realen klassengeteilten ganz gut einzurichten weiß), begreift das „Handelsblatt" unter „unideologisch" offenbar eine noch eigentümlichere Verzerrung des Gesichtsfeldes: Denn hier ist die Rede von Leuten, die zwischen Einnahme und Ausgabe, zwischen Steuererhöhung und Steuersenkung nicht zu unterscheiden wissen.

Immerhin hatten unter anderem besagte zwei Landeschefs Schröder in den letzten Wochen durch Anheizen der Debatte über die Wiedererhebung der Vermögenssteuer auf Trab gehalten und auf diese Weise für Verstimmung gesorgt. Mancher meint auch, die Verstimmung sei nur gespielt gewesen und die Kakophonie zu weiten Teilen inszeniert, da Schröder die Wahl hinter sich, Gabriel sie aber noch vor sich hat. Das mag stimmen oder nicht, in jedem Fall ist die Forderung nach Reaktivierung dieser Steuer in SPD-Kreisen nicht neu – sie stand noch 1998 im SPD-Wahlprogramm –, und es gab und gibt eine Reihe von Gründen, die selbst aus SPD-Sicht dafür sprechen könnten, ihr nachzugeben.

Einer dieser Gründe ist, daß die Vermögenssteuer nur relativ wenige Leute wirklich träfe und zudem in erster Linie solche, die die SPD ohnehin nicht wählen. Das zeigen die Einnahmestatistiken aus der Zeit, in der es die Vermögenssteuer noch gab, also der Jahre vor 1997. Ein Drittel des damaligen Vermögenssteueraufkommens wurde von den 30 reichsten Familien dieses Landes gezahlt, den Albrechts, Quants und Klattens, den Ottos,

Mohns, Flicks und wie die Damen und Herren mit den überwiegend gut- und altbekannten Namen alle heißen. Allein diese noble Gesellschaft der 30 reichsten Clans verfügt offiziell über ein Vermögen von 180 Milliarden Euro. Der tatsächliche Wert ihrer Besitztümer mag noch weit darüber liegen. Nun hätten diese Leute zwar vielleicht manchen Grund, Schröder zu wählen – jedenfalls mehr als abhängig Beschäftigte oder Arbeitslose –, aber Fakt ist, daß sie es zum überwiegenden Teil nicht tun.

Die Steuer würde der SPD also kaum Stimmen kosten, eröffnete aber die Chance, welche einzubringen. Denn angesichts der brachialen Einschnitte bei Arbeitslosen, der unerträglichen Zusatzbelastungen für sozial Schwache und des Totschlags gegen tarifliche Standards, den Schröder gerade verbricht, bräuchte die SPD dringend wenigstens ein populäres Projekt, das sich als Gerechtigkeits-Nummer verkaufen ließe. Die geplante Steuer auf Aktienkursgewinne, die de facto eine Steuerentlastung für Spekulanten darstellt und allzu offensichtlich den Verwaltungsaufwand nicht einspielen wird, den sie kostet, sollte zwar genau diesem Zweck auch schon dienen, wurde und wird aber mit Recht von niemandem ernst genommen. Die Wiedereinführung der Vermögenssteuer ließe sich verärgerten Ex-Wählen weit eher als revolutionäre Tat vermitteln – was sie nicht wäre. Denn ähnliche Steuern gibt es in den meisten OECD-Ländern, einschließlich USA, Japan und Großbritannien. Sie sorgen dafür, daß die öffentlichen Haushalte wenigstens einige Milliarden auch von denen bekommen, die genug von ihnen haben, was sehr für diese Art Steuern spricht. Aber selbstverständlich unterminieren sie nirgends die Kapitalakkumulation, und es gäbe sie nicht, wenn sie es täten.

Ohnehin: Ob und wieviel Geld eine Vermögenssteuer tatsächlich einspielt, hängt von ihrer Ausgestaltung ab. Die Memorandum-Gruppe hat für die Bundesrepublik vorgerechnet, daß diese Steuer bei einem Satz von nur 1 Prozent und der Freistellung von 350 000 Euro pro Haushalt (zuzüglich 75 000 Euro pro Kind) gut 16 Milliarden jährlich in die öffentlichen Kassen spülen könnte. Das DIW kalkuliert mit etwas höheren Freibeträgen, aber ähnlichen Aufkommenswerten. Die Gewerkschaft Verdi errechnet für einen Satz von 1,5 Prozent mit hohen Freibeträgen ein mögliches Aufkommen von 23 Mrd. Euro im Jahr. Von SPD-Seite dagegen war in der Regel nur von 9 Milliarden die Rede. Tatsächlich hat die Steuer, als es sie noch gab, nie mehr als 4,5 Milliarden Euro jährlich eingebracht. Einer der Gründe lag in einer massiven Unterbewertung von Immobillien- und Produktiveigentum. Diese Ungleichbehandlung war letztlich auch der Grund, den das Bundesverfassungsgericht rügte und der zur Aussetzung der Steuer führte. Selbst bei Wiedererhebung bestünde also die Gefahr, daß die Sätze hinreichend niedrig, die Freibeträge hinreichend hoch und die wohlwollend geduldete Steuervermeidung so umfassend wäre, daß das Projekt im Nichts verpufft. Daß die SPD es dennoch nicht wagt, trotz der offenbaren wahltaktischen Vorteile und des scheinbar nur geringfügigen Schadens einiger hundert vergrätzter Multimillionäre, zeigt einmal mehr, wer in dieser bundesdeutschen Parlamentsdemokratie die Zügel in der Hand hält.

Denn daß sie im Handelsblatt als „Unideologen" firmieren durften, haben die zwei SPD-Ministerpräsidenten just durch ihre Ankündigung erreicht, anstelle des Ärgernisses Vermögenssteuer künftig das Alternativprojekt „Zinsabgeltungssteuer" betreiben zu wollen. „Sehe die Bilanz im Vergleich beider Steuern positiv für die neue Abgeltungssteuer aus, wollen sie ihren Vorschlag [den, die Vermögenssteuer wiedereinzuführen] zurückziehen", ließen sich beide in selbiger Zeitung zitieren.

Tatsächlich spricht alles für eine „positive Bilanz". Die Abgeltungssteuer träfe zum überwiegenden Teil den gleichen Personenkreis wie die Vermögenssteuer, nämlich die reiche Oberschicht, sie hätte aber den immensen Vorteil, daß alle bekannten Lobbyclubs dafür sind: die CDU, der BDI, die Verbände der Kreditwirtschaft, auch Bundesbankpräsident Weltecke hat sich positiv geäußert. Das Projekt Zinsabgeltungssteuer hat gegenüber einer Wiedererhebung der Vermögenssteuer eigentlich nur einen einzigen kleinen Nachteil: Es handelt sich um eine Steuersenkung, nicht um eine Erhöhung. Während Zinseinkünfte oberhalb der Freibeträge bisher zum individuellen Einkommenssteuersatz versteuert werden mußten, in der Spitze also derzeit zu 48,5 Prozent, würde der Fiskus künftig generell nur noch 25 Prozent mitverdienen. Die Steuerschätzer vom Institut für Wirtschaftsforschung rechnen, vorsichtig kalkuliert, mit Mindereinnahmen von etwa 3 Milliarden Euro. Aber welches politische Projekt hat schon keinen Haken? Immerhin erspart die neue Idee viel Ärger. Und die 3 Milliarden kann man sich im Notfall ja auch wieder bei den Arbeitslosen holen.

21. Dezember 2002

Kampf ums Öl

Unsicher war nicht, ob die Bundesregierung umfallen würde. Unsicher war, wann und mit welcher Begründung sie dies tut. Fischers unfriedliche Weihnachts-Botschaft, eine deutsche Zustimmung im UN-Sicherheitsrat zum Krieg gegen den Irak zu erwägen, kam insofern nicht wirklich überraschend. Allenfalls, daß der grüne Kriegsfreund es nicht einmal der Mühe wert erachtete, eine Lüge zur Begründung der hundertachtzig-Grad-Wendung mitzuliefern, mag verblüffen. Aber auch das liegt im Trend, denn selbst die US-Propagandamaschine ist faul geworden. Kein CIA-Kollege, der den im afghanischen Bergland seltsam abgetauchten Erzfeind in Bagdad sichtet, kein unvermutet gefundenes Video, das bin Laden in trautem Gespräch mit Saddam zeigt ... Wenn Bush seinen Landsleuten erzählt, ein irakischer Überfall bedrohe die Vereinigten Staaten, ist das so elend dumm gelogen, daß der Schluß nahe liegt: Es ist ihm egal, ob ihm noch irgend jemand glaubt. „Es geht im Grunde nur noch darum, eine Art UNO-Legitimation für einen Angriff zum schaffen", ließ sich ein „hochrangiger Mitarbeiter" des Pentagon im Handelsblatt zitieren. Nicht erst jetzt, sondern bereits am 16. September 2002.

Einen knappen Monat später folgte die von Washington diktierte UNO-Resolution 1441, die den Irak für jedes Versäumnis und jede Falschangabe mit Krieg bedroht. Seither versendet Saddam Berge von Akten und führt Inspektoren durch jeden rattenbewohnten Abwasserkanal, während die USA, demonstrativ uninteressiert an den Ergebnissen solcher Nachforschung, Kriegsschiff auf Kriegsschiff in die Golfregion verlegen. Analysten, Ökonomen und Leitartikler streiten in den Spalten der internationalen Wirtschaftspresse und – ehrlicher – in internen Papieren diverser Research-Abteilungen und Strategie-Klüngelrunden über den Zeitpunkt des Kriegsbeginns, über mögliche Verlaufsszenarien sowie über Kosten und Rendite des Projekts. Über das Ob streitet kaum noch einer.

Eine überzeugende Rentabilitäts-Rechnung lieferte der Wirtschaftsberater des Weißen Hauses Lawrence Lindsey. Zwar setzt er die Kriegskosten bei 100 bis 200 Mrd. Dollar an, also deutlich höher als das Pentagon, das offiziell mit 61 Milliarden kalkuliert. Aber die Investition lohne, so Lindsey, denn: „Bei einem Regimewechsel im Irak können wir mit einer Erhöhung der Weltversorgung [mit Öl] um drei bis fünf Millionen Barrel rechnen."

Zur Zeit produziert der Irak 2,4 Millionen Barrel pro Tag, in besseren Zeiten waren es 3,5 Millionen, die Reserven liegen bei 112,5 Milliarden. Nach Saudi-Arabien, das über ein Viertel der globalen Ölreserven verfügt, ist der Irak die Nummer zwei in Mittelost. Die Förderkosten am Golf liegen niedriger als in jeder anderen Region, nämlich bei 1 bis 5 Dollar pro Barrel; verkauft wird die schwarze Brühe gegenwärtig für über 30 Dollar. Allein mit einer Machtübernahme in Bagdad würden amerikanische und britische Ölkonzerne, die gegenwärtig am Golf nicht wunschgemäß zum Zuge kommen, elf Prozent der globalen Erdölkapazitäten direkt kontrollieren – zusätzlich zu ihrem bisherigen Reservoire.

Außerdem böte die Besetzung Iraks den Vereinigten Staaten eine militärische und politische Basis, von der aus US-hörige Regimes ebenfalls in Iran, Syrien und Jordanien installiert werden könnten. Profitieren würde davon nicht nur die US-Ölindustrie; Folgeaufträge und Extraprofite durch billigeres Öl winkten dem amerikanischen Großkapital fast aller Branchen. In einer Zeit, in der Wirtschaft und Gewinne stagnieren, ein Riesenloch in der US-Leistungsbilanz klafft und neuerdings auch noch der Dollar schwächelt, ist das ein Ausblick, für den ein von der Öl- und Rüstungsmafia an die Macht geputschter Präsident gern den Weltfrieden riskiert. „Eine erfolgreiche Kriegsführung", schließt Lindsey, „wäre gut für die Wirtschaft." Auch der Chairman der Beratungsgesellschaft Cambridge Energy Research Associates, Daniel Yergin, schwärmt: „Ein anderes Regime im Irak würde das Kräfteverhältnis in der ganzen Region verändern."

Das amerikanische Interesse daran ist umso dringender, seit der alte Verbündete Saudi-Arabien, den Kissinger einst selbstsicher zum 52. Bundesstaat der USA gekürt hatte, bedingungslose Folgsamkeit aufgekündigt hat. Eine Reaktion auf wachsende Reibungen am Golf war bereits Cheneys „Neues Energieprogramm" vom Sommer 2001, das die Öl- und Gasreserven des Kaspischen Meeres ins Zentrum rückte. Am Hindukusch hat Bush seine Hausaufgaben zwar noch nicht ganz erledigt, aber immerhin: amerikanische Soldaten stehen mit deutscher Unterstützung im Land, militärische Airbases wurden errichtet. Mit dieser Bastion im Rücken läßt sich jetzt auch das Problem Golf neu angehen. Die hohe Kostenschätzung begründet Lindsey übrigens damit, daß die US-Truppen – anders als beim letzten Mal – nach dem Sieg stationiert bleiben müßten, damit die „Demokratisierung" des Irak sich auch wirklich für die Richtigen auszahlt.

Immerhin gibt es noch andere Interessenten. Schon 1997 hatte die russische Firma Lukoil einen Vertrag über die Exploration des größten Ölfeldes im Irak, West Querna 2 im Südirak, abgeschlossen und bereits 4 Milliarden Dollar investiert. Die mittelgroße Firma Tatneft aus der russischen Teilrepublik Tatarstan hat 33 irakische Ölquellen unter Vertrag und schon über 1 Milliarde Dollar verausgabt. Verträge mit russischen Ölgesellschaften über weitere 60 Quellen sollen unterschriftsreif sein. Der französische Konzern TotalFinaElf will 3,5 Milliarden Dollar in das Ölfeld Maynoon an der iranischen Grenze stecken und hat sich den Zugriff vertraglich gesichert. Gut vertreten sind außerdem die nationale chinesische Ölgesellschaft und die italienische Agip. Sobald die UNO ihre Sanktionen aufhebt, soll hier das große Geschäft beginnen.

Auch außerhalb des Ölsektors ist die Konkurrenz rührig. Der deutsche Export in den Irak stieg allein in den ersten drei Monaten 2002 um 46,6 Prozent. Frankreich ist nicht weniger aktiv. Rußland bestätigte im August Informationen über ein fast unterschriftsreifes Kooperationsabkommen im Volumen von 40 Milliarden Dollar.

Ohne Krieg droht den USA nachhaltiger Einflußverlust in der Region. Daher Bushs forciertes Engagement und die europäische Unlust. Wer den Fuß bereits in der Tür hat, der freut sich nicht, wenn ein anderer Kanonen in Stellung bringt, um das Schloß zu zerschießen. Speziell für deutsche Konzerne gibt es zudem im Ölsektor wenig zu holen. Eon und RWE haben ihr Ölgeschäft in den letzten Jahren an BP und Shell abgegeben und sich statt dessen auf Strom, Gas und Wasser konzentriert. Nicht Pazifismus, sondern schlichtes Profitkalkül wird Schröder davon abhalten, deutsche Truppen vom Hindukusch weg an den Golf zu verlegen. Aber Einfluß in der strategisch hochwichtigen Golf-Region einfach aufgeben mag wiederum auch nicht, wer Weltmacht-Ambitionen hegt. Denn klar ist: Die USA werden die Beute teilen müssen, wollen sie den Krieg ohne allzu großen Krach mit den Europäern oder gar mit UNO-Mandat führen. Aber sie werden nur mit denen teilen, die mitziehen. Fischer hält sich bereit.

4. Januar 2003

Flaute überall

Ein Umsatzwachstum von 5,5 Prozent hatte Metro-Chef Körber seinem Unternehmen für 2002 vorausgesagt. Erreicht allerdings wurden, wie der Handelskonzern jetzt bekanntgab, nur vier Prozent, und auch die nur dank des Auslandsgeschäfts. Jenseits deutscher Grenzen konnte die Metro ihren Verkauf um immerhin acht Prozent auf 23,8 Milliarden Euro steigern; bundesdeutsche Verbraucher dagegen schoben mit Waren im Wert von 27 Milliarden Euro gerade so viel in ihren Wagen an die Metro-Kasse wie ein Jahr zuvor. Ähnlich erging es dem Hagener Douglas-Konzern. Der Kosmetikanbieter für den „gehobenen Bedarf" konnte seinen Umsatz im letzten Jahr um zwei Prozent erhöhen, auch das aber nur dank Aquisitionen und Neueröffnungen im Ausland. Auf dem bundesdeutschen Markt schrumpfte der Erlös um 0,7 Prozent.
Die Analysten waren enttäuscht, die Aktien beider Unternehmen wurden in den Keller geschickt. Und dabei stehen Metro AG – als Konsummeile der Selbständigen, die im Schnitt immer noch mehr verdienen als der Rest des Volks – und Douglas Holding – deren Kundschaft ebenfalls kaum dem Milieu der Arbeitslosen und Billigjobber entstammt – im Vergleich des deutschen Einzelhandels noch recht gut da. Denn dieser kämpfte schon zu Zeiten mit stagnierenden Umsatzzahlen, als Metro und Douglas sich noch in goldenen Bilanzen sonnten. Inzwischen ist aus der Stagnation eine tiefe Krise geworden.
Im ersten Halbjahr 2002 – als die SPD gerade ihr schönes Plakat „Der Aufschwung kommt" präsentierte (das aus Pietätgründen dann aber doch nicht geklebt, sondern in voller Auflage einer Firma für Altpapier-Recycling übergeben wurde, der es vielleicht zu einem kleinen Aufschwung verhalf) – lag das Minus im deutschen Einzelhandel bei 5 Prozent. Für das gesamte Jahr soll der Rückgang mindestens drei Prozent betragen. Die einzigen, die ihren Absatz vergrößern konnten, sind Billig-Discounter wie Aldi

und Lidl – und zwar dank jener Kunden, die ihr Frühstücksei im Vorjahr noch bei Kaiser's und Rewe gekauft hatten. Wenig von der Krise spüren außerdem bisher nur die teuersten Luxus-Marken und Nobelanbieter, deren Kundenkreis über die Oberen Zehntausend kaum hinausreicht.
Ansonsten herrscht Katzenjammer über Konsumunlust und über „zurückhaltende" Verbraucher, die nicht mal vor Weihnachten ordentlich ihre Geldbeutel zücken und so den Aktionären die Dividende vermiesen. Daß die Leere in ersteren etwas mit der Höhe der letzteren während der vergangenen Jahre zu tun haben könnte, bleibt tunlichst unerwähnt. (Dabei ließe sich Interessantes über den Kausalzusammenhang zwischen wachsender Mehrwertrate und wachsenden Schwierigkeiten der Mehrwertrealisierung bei einem Ökonomen namens Karl Marx nachlesen. Selbiger Wissenschaftler hat auch das scheinbare Paradox erörtert, daß forcierte Ausbeutung sich unter Umständen gar nicht auszahlt und auch deren Antreiber und Nutznießer am Ende weniger haben. Obwohl mittlerweile fast 150 Jahre alt, wirken seine Schriften irgendwie aktueller als die vor drei/vier Jahren modernen Elaborate der New- Economy-Propheten, die – nicht zum erstenmal – die Umwertung aller Werte und die Aufhebung aller bis dato geltenden kapitalistischen Entwicklungsgesetze beschworen und auch im linken Spektrum emsige Nachbeter fanden. Aber das nur nebenbei.)
Inzwischen haben sämtliche Wirtschaftsinstitute ihre Prognose für 2003 nach unten revidiert. Selbst die Bundesregierung erwartet – nach einem kabarettauglichen Streit zwischen Eichel und Clement, in dem letzterer mit dem Argument „Wir müssen Optimismus verbreiten" an der irrealen Wachstumsprognose von 1,5 Prozent für 2003 festzuhalten verlangte – jetzt nur noch ein „Wachstum" von einem Prozent. Offiziell. Im Ernst glaubt wohl auch daran keiner mehr. Denn woher soll's kommen? Die inländische Nachfrage nach Konsum und Investitionen ist 2002 um insgesamt 1,3 Prozent geschrumpft. Ausschließlich dem um 2,9 Prozent gestiegenen Export ist zu verdanken, daß das Bruttoinlandsprodukt (BIP) mit einem Plus von insgesamt 0,2 Prozent

ausgewiesen werden konnte. Diese Zahl macht übrigens auch die Mühe begreiflich, die die Statistiker darauf verwandten, die Inflationsrate trotz spürbarer Teuerung bei Grundnahrungsmitteln und Dienstleistungen in Höhe von 1,3 Prozent einzufrieren. Denn da das reale BIP aus dem nominalen abzüglich Inflationsrate errechnet wird, vermindert jeder zusätzliche Prozentpunkt Inflation die dokumentierte Wirtschaftsleistung. Im Klartext: Bei einer Inflationsrate oberhalb 1,5 Prozent hätte zugestanden werden müssen, was aller Schönwetter-Propaganda zum Trotz ohnehin jeder spürt: daß eine Rezession der deutschen Wirtschaft nicht nur droht, sondern seit einem Jahr Realität ist.

Und nichts spricht für baldige Erholung. Der private Verbrauch wird 2003 dank Schröders neuer Runde an Sozialkürzungen und sonstigen Zusatzbelastungen, außerdem durch steigende Arbeitslosigkeit, dürre Tarifabschlüsse und be-Hartztes Lohndumping voraussichtlich noch tiefer gedrückt. Die öffentlichen Ausgaben werden zusammengestrichen, wo irgend keine starke Lobby Beibehaltung erzwingt. Das alles stimuliert keine neuen Investitionen, zumal mittlere Unternehmen mit geringer Eigenkapitaldecke immer größere Probleme haben, überhaupt noch Kredit zu bekommen. Und das Ausland? Die Beschäftigten anderer europäischer Länder haben zwar, sofern mit kämpferischeren Gewerkschaften gewappnet, in den vergangenen Jahren höhere Lohnabschlüsse durchgesetzt als hierzulande üblich. Inzwischen aber rollt auch da die Entlassungswelle. Der durchschnittliche US-Verbraucher ist hochverschuldet und bangt ebenfalls um seinen Job. Ein einziges Szenario fällt dem Handelsblatt ein, das Aufschwung verheißen könnte: „Wenn die USA einen Krieg rasch für sich entscheiden, könnte der Ölpreis wie ein Stein zu Boden fallen und die Börsen boomen. Die Weltwirtschaft würde durchstarten, selbst Deutschland könnte sich dann einer Erholung nicht mehr entziehen." Nun ja, bis zur nächsten Krise und zum nächsten Krieg?

18. Januar 2003

Voodoo-Ökonomie

„Voodoo-Ökonomie" sei das, was Eichel betreibe, donnerte der wahlkampfgestreßte niedersächsische Noch-Ministerpräsident Gabriel dieser Tage gegen seinen Parteikollegen im Finanzministerium. Auf Eichels Pfaden sei das Ziel, bis 2006 einen ausgeglichenen Haushalt vorzulegen, nimmer erreichbar, erläuterte er dem „Tagesspiegel". Wo der Mann recht hat, hat er recht. Ob allerdings die von Gabriel angeregte Abschaffung des Branntweinmonopols – Einsparbetrag maximal 100 Millionen Euro – Eichel seinem Ziel wesentlich näher brächte, darf bezweifelt werden. Allein die Wiedereinführung der Vermögenssteuer würde das mehr als Hundertfache bringen. Aber da diese Steuer seit des Kanzlers Rüffel auch für Gabriel tabu ist, quält er in Wiederwahlnot seinen und seiner Mitarbeiter Kopf mit dem Aufspüren von „ungenutzten sinnvollen Einsparpotentialen" (Gabriel), die Konzernbossen und Geldadel nicht wehtun, ihm, Gabriel, aber auch nicht noch den letzten Arbeitslosen als Wähler verprellen. Der Branntwein-Vorschlag zeigt, was bei derlei Gedankenakrobatik herauskommt.

Eichel wird die Pöbelei von der halblinken Flanke mit Fassung ertragen haben, denn es kann ausgeschlossen werden, daß er selbst noch ernsthaft an die Ziellinie 2006 glaubt. Weshalb auch? Ursprünglich – formuliert im sogenannten europäischen Stabilitätspakt – hatte sich die Auflage, die öffentlichen Neuverschuldung auf Null zu senken, auf das Jahr 2002 bezogen. Als klar wurde, daß dies an der Realität der europäischen Länder vorbeiging, wurde auf 2004 verschoben.

Im Herbst 2002 sprach sich erneut bis Brüssel herum, daß Deutschland, Frankreich, Italien und Portugal unverändert tief in den Miesen stecken. Also beschloß die EU-Kommission, die Frist bis 2006 zu verlängern. Es gab ein bißchen Gezänk, aber die Entscheidung stand nie wirklich in Frage. Alles spricht dafür, daß die gleiche Kommission im Herbst 2004 wieder tagen und

wieder verlängern wird – so es den Pakt bis dahin überhaupt noch gibt.
Es wäre allerdings ein Fehler, diese Taktik als Schwäche des Neoliberalismus zu werten. Bezogen auf das Konsolidierungsdogma gilt ausnahmsweise der alte Bernstein wirklich: Der Weg ist das Ziel. Es interessiert das Kapital herzlich wenig, ob die öffentlichen Haushalte dieser Welt hoch oder niedrig verschuldet sind. Der einzig interessierende Punkt ist, ob sie ihren Zins- und Tilgungspflichten nachkommen können. Ob dies bei Fortsetzung der alten Schuldenpolitik für einige europäische Länder mit Einführung des Euro (der die Möglichkeit, Zahlungen notfalls durch Ingangsetzen der nationalen Notenpresse zu leisten, ausschließt) hätte schwierig werden können, mag strittig sein. Inzwischen steht es für kein Land im Euroraum mehr infrage.
Noch mehr als die allgemeine Zahlungsfähigkeit interessierte das europäische Kapital zu Beginn der Neunziger, als die Gemeinschaftswährung ausgeheckt wurde, allerdings ein anderer Punkt: Die Verbesserung seiner Verwertungsbedingungen. Denn in seinen Augen hatten die westeuropäischen Staaten zu Kalten Kriegszeiten erheblichen Sozialspeck angesetzt – also Dinge wie Kündigungsschutzbestimmungen, Mindestlöhne, kostenlose Bildung und Gesundheitsversorgung, Zahlungen an Arbeitslose, Sozialhilfe usw. – und dieser „Speck" war nach dem Ende der Systemkonkurrenz unter Profitgesichtspunkten überflüssig geworden.
Eine Politik indes, die sich der Ausrottung all dessen verschrieb, war aus naheliegenden Gründen unpopulär und daher nicht leicht durchsetzbar. Der tiefere Sinn von Maastricht-Kriterien und Stabilitätspakt bestand also darin, den europäischen Regierungen, die ja alle immer irgendwann wiedergewählt werden wollen, die Umsetzung zu erleichtern. Dank der Verträge von Maastricht und Amsterdam konnten sie bei jeder sozialen Brutalität auf einen Buhmann in Brüssel verweisen, der sie – womöglich gegen ihren Willen – zu derartigen Missetaten zwang. Auch wenn es mit der Wiederwahl in vielen Fällen dennoch nicht geklappt hat, hinsichtlich der Missetaten war der Stabilitätspakt

europaweit außerordentlich erfolgreich. Wenn er morgen aufgekündigt wird, dann, weil sein eigentliches Ziel in den meisten Ländern erreicht ist.

In einer rezessiven Lage wie der jetzigen ist die Wahl zwischen der Weiterführung prozyklischer Rotstiftpolitik, die den Unternehmen die letzten Absatzmöglichkeiten ruinieren könnte, und laxerer Handhabe des Verschuldungsdogmas, was dann allerdings auch drakonische Sozialkürzungen nicht mehr gut begründbar macht, aus Sicht der Renditejäger ohnehin eine Wahl zwischen Pest und Cholera. Es ist keine Frage des sozialen Gewissens, sondern eine des Profitkalküls, auf welche Seite man sich dabei schlägt.

So hofft etwa Jürgen Michels von der Citygroup sogar (zumindest für Deutschland) auf eine Verschärfung der Wirtschaftskrise, da alles andere „die unumgänglichen Strukturreformen" nur wieder vertagen würde: „Die kommen nur, wenn es richtig weh tut", ließ er sich im Handelsblatt zitieren. Auch der Europa-Chefvolkswirt von Morgan Stanley, Joachim Fels, plädiert ausdrücklich gegen eine konjunkturfördernde Zinssenkung der Europäischen Zentralbank, weil, wie er meint, „zur Disziplinierung der Gewerkschaften eine Rezession nötig" sei. Wenig von solcher Position hält dagegen Daval Joshi, globaler Aktienstratege von Société Générale, der feststellt, daß Absatzprobleme die Kostensenkungen in vielen Unternehmen längst überkompensiert haben. Denn: „In Kontinentaleuropa ist das Beschäftigungs- und Lohnwachstum die Haupttriebkraft für den privaten Konsum." Aus dieser Ecke kommen offenbar auch die Berater des französischen Finanzministers Francis Mer, der den kürzlich angezeigten blauen Brief aus Brüssel mit der höflichen Bemerkung abtat, sein Land habe eben „beim Sparen einen anderen Rhythmus". Das war die diplomatische Umschreibung dafür, daß er keineswegs – wie von Brüssel angemahnt – das Haushaltsdefizit in diesem Jahr um 0,5 Prozent zu senken beabsichtigt und auch für 2006 ein Defizit im französischen Staatshaushalt erwartet. EU-Wirtschaftskommissar Solbes reagierte darauf, wie er es seit Jahren gelernt hat, nämlich mit Verweis auf Frankreichs nötigen

Beitrag, „damit das Vertrauen in den Euro erhalten bleibt und gestärkt wird". Das Problem ist nur: Seit der Euro unaufhaltsam aufwertet, hätte die europäische Exportindustrie gar nichts mehr dagegen, wenn das „Vertrauen" wieder ein wenig schwächer würde. Es könnte daher passieren, daß Eichels und Schröders „Vodoo-Ökonomie" bald von seinen konservativen Kollegen im Nachbarland ausgebremst wird.

1. Februar 2002

Kurzzeitgedächtnis

Wenn die Konjunktur boomt und mit ihr die Rendite, wird die ökonomische Theorie zum Tummelplatz jener besonders dumpfen Sorte von Marktapologeten, die sich durch ein wissenschaftliches Alzheimer-Syndrom, will heißen: die Abwesenheit von Erinnerungsvermögen auszeichnen. In der Krise dagegen, in die die entfesselten Marktkräfte verläßlich nach gewisser Zeit führen, erhalten wieder jene Rückenwind, die den Kapital-Gesandten im politischen Geschäft genau das vorwerfen, was ihnen zuvor abverlangt wurde: Verzicht auf die Steuerung des betriebswirtschaftlichen Profitkalküls zwecks Erhalt der gesamtwirtschaftlichen Stabilität.

Dieselbe Debatte findet derzeit in den USA auf der Ebene einer Auseinandersetzung über Ziele und Methoden von Zentralbankpolitik statt. Mit der Spekulationsblase an den Aktienbörsen ist auch jener Mythos geplatzt, der den Namen Alan Greenspan trug. Der umjubelte Held der „Goldenen Neunziger", auf dessen „glückliche Hand" mancher Wall-Street-Yuppie nicht nur eine Flasche Champagner gelehrt haben dürfte, damals, als die Kurse stiegen und stiegen und man mit etwas Glück in Tagen, ja Stunden Millionen verdienen konnte – Greenspan sieht sich inzwischen mit dem Vorwurf attackiert, er habe die Exzesse an den Finanzmärkten zu lange hingenommen, ohne angemessen zu reagieren. Vorgetragen wird dieser Vorwurf nicht von irgendwem, sondern von namhaften amerikanischen Ökonomen, und auch nicht irgendwo, sondern in den Top-Spalten der renommierten amerikanischen Wirtschaftspresse.

Zwar wird eingeräumt, daß der amerikanische Zentralbanker immerhin bereits im Dezember 1996 vor einem „irrationalen Überschwang" gewarnt hatte; der Warnung aber – so die Kritiker – seien keine Taten gefolgt. Im Gegenteil, nach der minimalen Zinserhöhung im März 1997 habe Greenspan nur ein Jahr später, als die Aktienmärkte infolge von Asien- und Rußlandkrise und nach dem Beinahezusammenbruch des amerikanischen LTCM-Hedge-Fonds das erste Mal ins Taumeln gerieten, sein Liquiditätsfüllhorn wieder generös geöffnet. So konnte die Börsenparty weitergehen und von ihr gesponsert lebte die Reichtums-Illusion der amerikanischen Mittelklasse fort, die sich unverzagt in Konsum und Schulden stürzte, was neben den börseninduzierten virtuellen auch die realen Gewinne von Unternehmen und Banken auf lichte Höhen trieb. Im Januar 2000 erreichte der Dow Jones seinen Gipfel mit einem Wert von 11 722 Punkten. Seitdem geht es abwärts: in der Virtual Reality der Börsen wie in der realen Wirtschaft und mit Greenspans Ansehen.

Es ist durchaus wahrscheinlich, daß eine kräftige Zinserhöhung der Fed im Sommer 1998 den ganzen Spuk bereits zwei Jahre früher beendet hätte. Unwahrscheinlich ist, daß die folgende Weltwirtschaftskrise milder ausgefallen wäre als sie jetzt droht. Und noch unwahrscheinlicher ist, daß ein Zentralbanker eine solche Entscheidung im Amt überlebt hätte. Nicht nur eine gewisse Sorte Ökonomen, der ganze Kapitalismus lebt vom Kurzzeitgedächtnis. Jeder nur etwas anhaltende Aufschwung wird zur „New Era" erklärt, die nie wieder endet, weil diesmal alles ganz anders ist. Und wehe dem, der diese Scheinwelt stört, solange sich in ihr gut Geld verdienen läßt. Jeder Crash wird folgerichtig mit dem gleichen verblüfften Entsetzen quittiert, das bald darauf in die wütende Suche nach Schuldigen umschlägt.

Die Vorwürfe gegen Greenspan gehören ebenso in diese Rubrik wie der öffentliche Pranger für frühere „Star-Analysten" großer amerikanischer Investmentbanken, der die unangenehme Bekanntschaft mit US-Staatsanwälten inzwischen einschließt. Natürlich haben diese Analysten gelogen, natürlich haben sie, in vielen Fällen wissentlich, Tausenden Kleinsparern Aktien von Beinahe-Pleite-Unternehmen als hochlukrative Anlage aufgeschwatzt. Aber das war der Job, für den sie bezahlt wurden. Die öffentlich agierende Analystenzunft an der Wall Street war nie etwas anderes als die Werbekolonne der bankinternen Investment-Abteilung, und ein Blick auf die Hierarchie der Geschäftsbereiche hätte genügt, um bereits vor drei Jahren zu wissen, daß es so war.

Aber nicht jene Analysten und nicht Greenspan haben die Amerikaner um ihre Spargelder und ihre Alterssicherung gebracht, sondern diejenigen, die die öffentlichen Sicherungssysteme auf jenes armselige Niveau heruntderdrückten, das private Vorsorge unerbittlich erzwingt. Und der Keim für die jetzige Krise liegt nicht in falscher Zinspolitik, sondern in jenen Hundelöhnen, die während des gesamten angeblichen „Booms" am unteren Ende gezahlt werden konnten, weil eine nach fünf Jahren auslaufende Sozialhilfe immer mehr Menschen zwang, den Job trotzdem anzunehmen. Verwunderlich ist nicht der jetzige Zustand der US-Wirtschaft, sondern allenfalls die lange Zeitspanne, in der trotz massivster Einkommensumverteilung von unten nach oben das Desaster hinausgeschoben werden konnte.

Bush schreibt mit dem geplanten Steuersenkungspaket im Volumen von 674 Milliarden Dollar, deren Nutznießer nahezu ausschließlich der reichen Oberschicht angehören, diesen Trend fort. Außerdem bewirkt ein Wegfall öffentlicher Einnahmen in dieser Größenordnung bei gleichzeitig exorbitant steigenden Militärausgaben naturgemäß tiefrote Zahlen im öffentlichen Haushalt, also steigenden staatlichen Kapitalbedarf, der die Renditen am privaten Kapitalmarkt wieder nach oben treiben wird. Ein schwacher Dollar und ein täglich mit mehreren Milliarden zu finanzierendes Leistungsbilanzdefizit wirken ebenfalls in diese Richtung. Mögliche kriegsbedingte Inflation und ein hoher Ölpreis dürften das ihre dazu beitragen, die Fed unter Druck zu setzen, auch die offizielle Zinsschraube wieder nach oben zu drehen, was angesichts des riesigen Schuldenbergs amerikanischer Verbraucher und Unternehmen den verbliebenen Resten ziviler Wirtschaftaktivität in den Vereinigten Staaten den Todesstoß versetzen kann. Vielleicht, um dann nicht wieder der Buhmann zu sein, hat Greenspan Bushs Pläne dieser Tage öffentlich kritisiert und auf die Folgen hingewiesen. Helfen wird es ihm wenig. Der Kapitalismus hat halt ein Kurzzeitgedächtnis.

15. Februar 2003

Wirtschaftskrieg

Die Demütigung sitzt tief; man schweigt verstimmt. Die Rating-Agentur Standard & Poor's hat die Kreditwürdigkeit des Stahlkonzerns Thyssen-Krupp auf Junk-Bond-Niveau herabgestuft. Junk Bonds – zu deutsch: Schrott- bzw. Ramsch-Anleihen – begeben in der Regel Firmen mit zweifelhaftem Finanzgebaren, schwer durchschaubarem Geschäftsmodell und überbordenden Schulden, auf deren Fortexistenz man besser nichts verwetten sollte; auch einige Dritte-Welt-Staaten (insbesondere solche mit der sympathischen Eigenheit, Zinszahlungen auf ihre Schulden zuweilen auszusetzen) finden sich in dieser Rating-Rubrik. Gekauft werden derartige Papiere in der Regel von Hedge-Funds und anderen Spekulations-Liebhabern, die versuchen, ihr Auf und Ab in schnelle Gewinne umzumünzen. Wer eher langfristige Kuponabschneiderei im Sinn hat, läßt die Finger davon; Versicherungen und Pensionsfonds ist es in vielen Ländern gesetzlich untersagt, das Geld ihrer Anleger für derlei Zeug zu verausgaben. In dieser Gesellschaft befindet sich also jetzt der vor wenigen Jahren fusionierte Traditionskonzern Thyssen-Krupp, Mitte des letzten Jahrhunderts eine *der* Machtbasen des deutschen Imperialismus, rühriger Hitler-Finanzier, Antreiber wie Profiteur des Weltkriegs-Kurses – und jetzt ein Schrott-Bond, welche Erniedrigung!
Sicher, Herabstufungen der Kreditwürdigkeit sind in Krisenzeiten nicht selten. Allein 2002 verloren 25 Unternehmen ihren „Investitionsstatus", darunter 11 europäische. Die Folgen für die Beschäftigten sind in der Regel fatal, denn ein Unternehmen, über das das Rating Duopol aus Moddy's und S & P den Daumen senkt, gerät in einen Kreislauf rigider Sparprogramme, rüder Entlassungswellen und oft genug dennoch weiter wachsender Schulden. Am Ende steht nicht selten die Insolvenz. „Gefallene Engel" – so heißen die Ramsch-Unternehmen in der zartfühlenden Sprache der Börsenhaie – werden meist innerhalb

eines Jahres noch einmal herabgestuft. Beispiele, in denen der ursprüngliche Statut zurückerobert werden konnte, gibt es kaum. Der Grund liegt einfach darin, daß kapitalistische Märkte immer nach dem Prinzip „Wer hat, dem wird gegeben" funktionieren. Ein guter Rating-Status ist bares Geld wert; sein Verlust bedeutet steigende Zinskosten. Für Thyssen-Krupp liegt die künftige Mehrbelastung nach eigenen Angaben bei 20 Millionen Euro jährlich. Um sich ein Bild zu machen: Die Zinsaufschläge von Junk-Bonds mit Ratingnoten Doppel-B (dies ist der Wert, der Thyssen-Krupp jetzt verpaßt wurde) lagen Ende Oktober 2002 in den USA bei gut 10,4 Prozent; Firmen am unteren Rand der sogenannten „Investitionsklasse" müssen dagegen nur 7,4 Prozent berappen; „erstklassige Schuldner", zu denen derzeit vor allem US-Rüstungsschmieden und Ölkonzerne gehören, zahlen unter 5 Prozent.

Die Herabstufung von Thyssen-Krupp durch S & P paßt freilich in einem Punkt nicht ganz ins übliche Bild. Der Stahlriese hat seine Schulden in den letzten Jahren nicht aus-, sondern abgebaut. Stand der Konzern unmittelbar nach der Fusion mit 8,3 Milliarden Euro in der Kreide, sind davon heute nur noch 4,9 Milliarden übrig. Auch die Profite können sich sehen lassen. Der letzte Quartalgewinn lag bei 141 Millionen Euro; die interne Kapitalverzinsung beträgt 7 Prozent. Konzernchef Schulz entrüstet sich denn auch: „Angesichts der Tatsache, daß wir unsere Verschuldung innerhalb von zwei Jahren um fast 4 Milliarden Euro abgebaut haben, verstehen wir den Schritt überhaupt nicht."

Aufhänger für die Herabstufung ist eine mögliche Unterdeckung bei den Pensionsverpflichtungen von Thyssen-Krupp. Anders als bei seinem letzten Rating vor zwei Jahren behandelte S & P die Pensionsverpflichtungen des Konzerns diesmal wie normales Fremdkapital. Die künftigen Rentenansprüche der Mitarbeiter in Höhe von 7,1 Milliarden Euro wurden somit den Finanzschulden einfach hinzugerechnet, was die Relation zwischen Schulden und Eigenkapital drastisch verschlechterte.

Nun muß man wissen, daß eine Spezifik des deutschen Betriebsrentensystems gegenüber dem amerikanischen gerade darin liegt, daß viele Firmen Einzahlungen ihrer Mitarbeiter bis zur Fälligkeit als billiges Quasi-Eigenkapital nutzen und die Pensionen anschließend aus den laufenden Zahlungsüberschüssen begleichen. Im Gegensatz dazu ist auch die betriebliche Altersvorsorge in den USA in Pensionsfonds ausgelagert, die das Geld in Aktien – bevorzugt natürlich des eigenen Unternehmens – investieren. In letzterem Fall schlägt es auch formal als Eigenkapital zu Buche. In beiden Fällen hängt die Alterssicherung der Mitarbeiter am Zukunfts-Profit des Konzerns; der Unterschied ist, daß die betrieblichen Zahlungsüberschüsse in der Regel weniger heftig schwanken als der Aktienkurs, das hiesige System deshalb nicht ganz so krisenanfällig (und krisenverstärkend!) ist. Die US-Pensionsfonds weisen dank Börsencrash derzeit eine Deckungslücke von 20 Prozent aus.

Die Entscheidung im Falle Thyssen-Krupp ist somit keineswegs nur eine Entscheidung im Fall Thyssen-Krupp. Die 24 Industrie- und Dienstleistungsunternehmen im Dax haben Pensionsverpflichtungen im Wert von insgesamt 150 Milliarden Euro. Erfaßt man diese künftig einfach als Schulden, verschlechtert sich die für den Rating-Status entscheidende Relation von Netto-Schulden zu Eigenkapital im Schnitt von 1 auf 1.3. Besonders stark betroffen wären RWE, Lufthansa, Deutsche Post und MAN, von denen einige in der Tat bereits auf der S & P-Beobachtungsliste stehen.

Betriebswirtschaftlich spricht für die neue Sichtweise wenig. Daß Rating-Agenturen sich allerdings durchaus nicht nur in den höheren Sphären der Wirtschaftswissenschaft bewegen, sondern zuweilen sehr irdischen Interessen folgen, zeigte schon die Rücknahme der Bonitätsbewertung einer iranischen Staatsanleihe durch Moody's im Frühsommer letzten Jahres, nachdem das Weiße Haus gegen die Bewertung interveniert hatte. Die vor wenigen Jahren unter Linken verbreitete These, die Globalisierung schaffe ein universell vereintes und jedenfalls nicht mehr national bzw. regional spezifische Interessen verfolgendes Weltkapital wird angesichts der aktuellen Auseinandersetzungen um den Irak-Krieg wohl Anhänger verloren haben. Der alte Lenin gilt aber nicht nur am Golf: In der Krise wird Kapital besonders kriegshungrig; und auch Wirtschaftskrieg ist eine Form von Krieg.

1. März 2003

Thatcher soft

Zu einem Betrug gehören immer mindestens zwei: einer, der die Idee hat, und einer, der darauf reinfällt. Ein Betrüger wiederum, dem es gelingt, mit ein und derselben Masche ein und dieselbe Person immer wieder aufs neue zu leimen, hat gute Aussichten, als Angeklagter in einem Strafprozeß mildernde Umstände zugebilligt zu bekommen. Immerhin hat's der Betrogene ihm dann ausgesprochen leicht gemacht. So gesehen ist Schröder ein Betrüger von der minder schweren Sorte. Die Masche ist immer wieder die gleiche, die Adressaten überwiegend auch, und sie spielen das Spiel trotzdem unverdrossen mit.
Die Zustimmung zum Einstieg in den Ausstieg aus der paritätisch beitragsfinanzierten Rente ließen sich die Gewerkschaften 2001 abkaufen: mit Riesters Versprechen eines dubiosen „Eckrentenniveaus" von 67 Prozent im Jahr 2030. Abgesehen davon, daß die Zahl von Beginn an auf einem Rechenfehler beruhte – mit Rürup hat sie sich nun ganz erledigt und kein Mensch redet mehr davon. Der leise Tod der Umlagerente aber ist eingeläutet und kaum mehr zu stoppen. Dumm gelaufen, möchte man meinen, – aber offenbar noch längst nicht dumm genug, als daß Wiederholung ausgeschlossen wäre.
Kurz nach den Wahlen 2002 passierte das Hartz-Konzept den Bundestag, gleichfalls mit dem stolzen Segen der Gewerkschaftsspitzen, diesmal erkauft mit dem Versprechen, die Arbeitslosenhilfe nicht abzusenken und die soziale Stellung der Leiharbeiter zu verbessern. Von letzterem ist längst keine Rede mehr, und inzwischen kann auch die Zusammenlegung von Arbeitslosen- und Sozialhilfe zum sogenannten Arbeitslosengeld II als beschlossene Sache gelten. Selbiges Arbeitslosengeld II wird allenfalls noch 10 Prozent über Sozialhilfeniveau liegen und sich ausschließlich an sogenannter „Bedürftigkeit" orientieren. Für mindestens ein Drittel der heute 1,66 Millionen Arbeitslosenhilfebezieher steht in Zukunft in jedem Fall Sozialhilfe pur an.

Denn wer länger als vier Jahre arbeitslos ist, hat offenbar nach Meinung führender Sozialdemokraten seine Unverwertbarkeit im kapitalistischen Reproduktionsprozeß so hinreichend unter Beweis gestellt, daß er den Arbeitsämtern nicht länger auf die Nerven gehen sollte und deshalb aufs Sozialamt abgeschoben wird. Die Zahlen zur Einsparsumme, die dieser neue brachiale Schnitt ins soziale Netz bringt, schwanken. Als Schätzung am unteren Rand kursiert ein Betrag von 3 Milliarden Euro jährlich. Rechnen wir durch: Eine Kürzung um 3 Milliarden ergibt bei 1,66 Millionen Betroffenen nach den kalten Regeln der Mathematik ein durchschnittliches Minus je Frau oder Mann von 1807 Euro pro Jahr. Die grausamen individuellen Folgen dieser Maßnahme lassen sich ahnen, wenn man bedenkt, daß es hier um Menschen geht, die im Schnitt kaum mehr als 600 Euro im Monat erhalten. Also wieder: dumm gelaufen.
Und es läuft immer dümmer. Inzwischen plant Schröder, die Bezugsdauer von Arbeitslosengeld auf 18 oder gar 12 Monate zu reduzieren. Dies würde den Kreis der Menschen, die künftig auf besagtes Arbeitslosengeld II oder Sozialhilfe angewiesen sind, auf einen Schlag drastisch erhöhen und zugleich den sozialen Abstieg bei denjenigen enorm beschleunigen, die als sogenannte „Nichtbedürftige" – weil beispielsweise der Ehepartner noch eine mittelmäßig bezahlte Arbeit hat – fürs erste überhaupt nichts mehr bekämen. Daß all diese Menschen sich dann noch viel verzweifelter als heute schon um neue Jobs bemühen werden, selbst um schlechtbezahlte und unsichere, ist nicht ein Nebeneffekt, sondern der eigentliche Sinn des Ganzen. Hans Werner Sinn, der unermüdliche Lobbyist der Profithaie und in dieser Eigenschaft Präsident des Ifo-Instituts, nahm kein Blatt vor den Mund, als er Schröder vorab das Gerüst zur gestrigen Regierungserklärung lieferte: „Ich erwarte Vorschläge für Reformen, die den Marktkräften zum Durchbruch verhelfen. Am wichtigsten ist die Reform von Arbeitslosen- und Sozialhilfe ... Die effektive Lohnuntergrenze, die in diesen Hilfen angelegt ist, muß fallen."
Daß die Konzernlobby immer tiefere und brutalere soziale Einschnitte mit derartigem Nachdruck fordert, rührt also mitnich-

ten aus ihrer Sorge um die Staatsfinanzen, zu denen sie als Steuerzahler eh kaum noch beiträgt. Es rührt zum einen aus ihrem Interesse, die Beitragssätze zur Sozialversicherung, die wie die Nettolöhne auf der Sollseite der Unternehmensbilanz zu Buche schlagen, nach unten zu drücken. Vor allem aber rühren die Forderungen aus ihrem Wunsch nach genereller Absenkung des Lohnniveaus und Etablierung billigster Hire-and-Fire-Jobs in beliebiger Zahl. Tarifverträge muß man dann nicht mehr infrage stellen. Sie erledigen sich.
Schröders diesbezügliche Pläne, verbunden mit der Aufweichung des Kündigungsschutzes und der geplanten Privatisierung von Leistungen im Gesundheitssystem, stellen einen derart rigiden Schnitt in das bisherige Gefüge des bundesdeutschen Sozialsystems dar, das sämtliche Kürzungen der Ära Kohl daneben als Marginalie verblassen. Gewerkschaften, die ihren Sinn und Anspruch ernst nähmen, müßten zur größtmöglichen Gegenwehr mobilisieren, ehe ihnen der Boden ganz unter den Füßen weggezogen wird. Doch was passiert?
Guido Westerwelle hat wiedermal nichts begriffen. Die bundesdeutsche Kapitallobby braucht keine Lady Thatcher. Schröder und Sommer im Verbund tun's auch.

15. März 2003

Deflationsgefahren

Wer gerade seine Wochenendeinkäufe erledigt, eine Tankstelle aufgesucht oder in einem Restaurant die DM-kompatible Preisliste studiert hat, mag Ökonomen, die – und zwar zunehmend lauter – vor Deflationsgefahren warnen, einfach nur für weltfremde Idioten halten. Aber so berechtigt dieses Verdikt für viele Bereiche der Mainstream-Ökonomie sein mag, in dieser Frage stimmt es nicht.
Tatsächlich galt Deflation jahrzehntelang als für die Entwicklung kapitalistischer Wirtschaften obsolet gewordenes Phänomen. Während vor dem Zweiten Weltkrieg nahezu jede Krise von fallenden Preise begleitet wurde, die sie ihrerseits verstärkten – eine Rückkopplung, die in der Weltwirtschaftskrise nach 1929 ihre bisher zerstörerischste, aber auch für lange Zeit letztmalige Dynamik entfaltete, stiegen die Preise in den Krisen der Nachkriegszeit in der Regel unverdrossen weiter, am krassesten in den siebziger Jahren. Damals wurde der Begriff der Stagflation geboren. Theoretische Erklärungen dieser neuen Erscheinung wurden gesucht und von unterschiedlicher ökonomischer Warte aus angeboten. Tatsächlich gab es Gründe für die Annahme, daß das Preisniveau im Spätkapitalismus nur noch eine Richtung – die nach oben – kennt. Dafür sprach vor allem die enorme wirtschaftliche Konzentration in den Kernbereichen der westlichen Ökonomien. Konzerne, die über hinreichende Marktmacht verfügen, um auf Nachfragerückgänge statt durch Preisnachlässe durch Verknappung des Angebots reagieren zu können, werden vermutlich diesen Weg wählen. Seit Aufhebung des Goldstandards gibt es zudem keinen im Wertgesetz verankerten Zusammenhang zwischen volkswirtschaftlicher Produktivität und Preisniveau mehr.
All das gilt heute wie vor 30 Jahren. Die sogenannte Globalisierung – die ja in erster Linie darin bestand, Konzerne über Megafusionen in riesige Global Player zu verwandeln, fit zur Ausbeu-

tung aller ausbeutbaren Ressourcen dieser Welt – hat die Macht weniger über Märkte und Staaten eher noch verstärkt. Wenn der Chef des weltgrößten Stahlproduzenten Arcelor, Guy Dollé, dem Handelsblatt die Strategie seines Konzerns mit den Worten erläutert: „Was mir aber Sorge macht, sind die schwache Nachfrage und die starke Aufwertung des Euros ... Deshalb fahren wir schon jetzt unsere Produktion um fünf Prozent im Flachstahl zurück, mit dem Ziel, die Preise besser zu kontrollieren", spricht er für viele und erübrigt einen Kommentar.

Daß Deflation dennoch alles andere als ein Gespenst aus alten Tagen ist, zeigt das Beispiel Japan. Seitdem Ende der Achtziger jene gewaltige Spekulationsblase, die sich in den Jahren des japanischen „Wirtschaftswunders" auf dem Aktien- wie Immobilienmarkt aufgeblasen hatte, geplatzt ist, lebt das Land im Würgegriff einer Dauerdepression, die durch anhaltende Preisniveausenkungen verstärkt und verschlimmert wird. Die Arbeitslosigkeit, die Japans Wirtschaft vorher kaum kannte, ist erheblich angestiegen, die Einkommen sinken – und zwar überwiegend schneller als die Preise. Die Banken wälzen Abermilliarden fauler Kredite vor sich her; ohne Sozialisierung eines erheblichen Teils der Verluste wäre das japanische Finanzsystem längst kollabiert.

Marktmacht und Preisverfall schließen sich offenkundig doch nicht aus. Ein Grund dürfte sein: Marktbeherrschende Konzerne besitzen nicht nur als Anbieter, sondern auch als Nachfrager gegenüber ihren Zulieferern erhebliches Druckpotential, und letzteres wächst noch in der Krise. Hinzu kommt: In den USA und Europa haben zwei Jahrzehnte gewerkschaftsfeindlicher Deregulierungs- und Umverteilungspolitik dazu geführt, daß die von den Neoliberalen wortreich beklagte „Lohnrigidität nach unten" – gemeint ist, daß Nominallöhne normalerweise schwer zu senken sind – in weiten Bereichen nicht mehr existiert. Billigjobs, Outsourcing und Überstunden machen's möglich. All das befähigt insbesondere Großunternehmen, ihre Kosten erheblich zu reduzieren, was ohne Profiteinbuße Spielräume für Preissenkungen eröffnet. Diese Situation, bei gleichzeitig extrem hoher Verschuldung von Unternehmen und Verbrauchern, enthält alle Potentiale einer Deflationsspirale.

Die Spezifik der heutigen Lage besteht darin, daß fallenden Preisen in einigen Branchen steigende in anderen gegenüberstehen, weshalb die offizielle Inflationsrate weder das eine noch das andere ausweist. In Bereichen, in denen die Nachfrage relativ unelastisch reagiert, etwa bei Nahrungsmitteln, können unverändert hohe Preise durchgesetzt werden. Auch Öl wird zumindest solange teuer bleiben, wie der Irak den Aggressoren Widerstand entgegenzusetzen vermag. All das (wie auch die steigenden Kriegskosten, die überwiegend der US-Steuerzahler trägt) beschleunigt den Wegbruch der Nachfrage in anderen Bereichen. Auch in Europa ist zusätzlich zu allen sonstigen Problemen mit einer Aufrüstungswelle – Stichwort: Gemeinsame Europäische Außen- und Sicherheitspolitik – zu rechnen, die irgendwer bezahlen muß.

In der ökonomischen Debatte gelten Deflationen in der Regel als schwerer beherrschbar denn Inflationen. Während sich Preissteigerungen durch Hochzinspolitik und Sparprogramme in der Regel erfolgreich abwürgen lassen – wenn auch um den Preis Millionen Arbeitsloser und wachsender Armut –, kann Deflationsbekämpfung mittels einer Politik des billigen Geldes leicht verpuffen, wenn die Banken sie zur Sanierung ihrer Margen nutzen und zugleich Kredite knapp und teuer halten. Sinkende Preise erhöhen den Realzins wie auch die Last der Schulden zusätzlich – der privaten wie der öffentlichen – und schränken damit fiskalpolitische Spielräume weiter ein. Dennoch: Kaum ein anderes ökonomisches Phänomen zeigt den Irrwitz der kapitalistischen Verwertungsmaschinerie und das Klasseninteresse, das die herrschende Politik lenkt, so deutlich wie deren Machtlosigkeit gegenüber Deflationen. Ein einziges zinsfrei notenbankfinanziertes Milliardenprogramm, eingesetzt zur drastischen Erhöhung von Kindergeld, Arbeitslosenunterstützung und Renten – und schon wäre jede Deflationsgefahr gebannt. Schröder freilich versucht sich lieber mit dem Gegenteil. Das Ergebnis wird nicht auf sich warten lassen.

29. März 2003

Produktivitätslegende

„Sozialdemokraten verraten ihre Ideale" grollte vor kurzem eine Tageszeitung in ihrer Titelzeile. Nun ist dieser Sachverhalt nicht ganz neu und hat sich auch leidlich herumgesprochen – seit Schröders letzter Kanzlerrede offenbar sogar bis in die Spitzen der Gewerkschaften. Auch ist der Ausspruch eigentlich ein wenig beschönigend, denn von jemandem, der bereits vor Jahrzehnten seine Großmutter erschlagen hat, in der Folgezeit seine Eltern, Onkel, Tanten und Cousins und kürzlich seine schwangere Ehefrau, würde man vermutlich auch nicht nur sagen, er pflege seine familiären Beziehungen schlecht.

Aber der vermeintliche Beistand kommt ohnehin aus ungewohnter Ecke. Unter besagter Headline – Unterüberschrift: „Niedriglohn" – veröffentlichte nämlich ausgerechnet das „Handelsblatt" einen langen Artikel, der die wohlbetuchte Leserklientel mit folgender Erkenntnis erschütterte: „Sie [die SPD] verraten … ihre eigene Geschichte. Die Arbeiterbewegung entstand, weil in der industriellen Revolution breite Bevölkerungskreise verarmten. Heute verarmen ebenfalls weite Bevölkerungskreise." Was auf diese Einsicht in die kapitalistische Verteilungsproblematik folgt, ist allerdings kein Spendenaufruf nach dem Muster: „Liebe Unternehmerinnen und Unternehmer, seien sie großherzig, drücken Sie ihren Billiglöhnern und Leiharbeitern ab und an einen Euro extra in die Hand, sie brauchen es!", sondern eine kurz und knappe Begründung für besagte Verarmung „weiter Bevölkerungskreise", und diese Begründung lautet: „Weil ein schlecht gemanagter Sozialstaat den Geringqualifizierten das Recht auf Arbeit raubt."

Wenn Zynismus eine zivilisatorische Errungenschaft ist, dann sind die Sieger des Kalten Krieges tatsächlich zivilisierter als der östliche Sozialismus es je sein konnte. Der Kapitalismus kämpft für die Freiheit der Unfreien, indem er sie mit Streubomben zerfetzt, und er kämpft für den Wohlstand der Armen, indem er ihnen noch das letzte nimmt. Wer in dieser Gesellschaft ankommen will, muß begreifen: Wenn BDA-Chef Hundt verlangt, das Arbeitslosengeld am besten ganz zu streichen, betreibt er nicht profitmaximierende Interessenpolitik, sondern engagiert sich für das Recht auf Arbeit. Und Schröders Verantwortung für wachsende Armut rührt nicht daher, daß er soziale Leistungen mit Verve zerschlägt, sondern daher, daß er immer noch nicht alle zerschlagen hat.

Zur Begründung dieser Art von Argumenten haben Ökonomen eine eigene Theorie kreiert, die sogenannte „Grenzproduktivitätstheorie" der Verteilung. Sie wird normalerweise in hochmathematischer Verbrämung vorgetragen und basiert auf einer Reihe seltsamer Annahmen. Eine davon ist, daß bei steigender Beschäftigung die Produktivität je Beschäftigtem sinkt. In der Realität einer Industriegesellschaft verhält es sich zwar in der Regel gerade umgekehrt, aber was tuts. Eine andere These ist, daß Unternehmen Arbeiter so lange einstellen, bis das Grenzprodukt des zuletzt Eingestellten seinem Lohn entspricht. Zusammen mit der Annahme sinkender Grenzerträge läßt sich daraus der beliebte Schluß ableiten, daß bei niedrigen Löhnen insgesamt mehr Leute Beschäftigung finden als bei hohen.

Die überdurchschnittliche Arbeitslosigkeit gerade bei weniger Qualifizierten wiederum wird damit begründet, daß die „Produktivität" dieser Menschen generell niedrig sei und der durch gewerkschaftliche Tarifkämpfe festgeschriebene bzw. über das Sozialhilfeniveau faktisch gesetzte Mindestlohn oberhalb dieser „Produktivität" liege. Die heutige Form der Sozialhilfe, schimpft etwa der Handelsblättler in dem zitierten Artikel, zerstöre „den Arbeitsmarkt für Geringqualifizierte"; denn: „Ein Sozialhilfe-Empfänger wäre dumm, wenn er einen Job annähme, bei dem er weniger oder genauso viel verdient, wie ihm das Sozialamt überweist ... Und ein Unternehmer wäre dumm, wenn er einem Sozialhilfeempfänger so viel bezahlen würde, daß sich für diesen das Arbeiten lohnt. Wegen dessen niedriger Produktivität würde er mehr kosten als erwirtschaften."

Auf den ersten Blick klingt das sogar schlüssig. Angenommen, ein Beschäftigter in einem Landwirtschaftsbetrieb erntet einen Monat lang Erdbeeren, die sich für insgesamt 1 500 Euro verkaufen lassen; ein Softwareingenieur könnte in der gleichen Zeit ein neues Antivirenprogramm entwickeln, das 200 000 Euro Umsatz verspricht. Dann lohnt sich des Informatikers Beschäftigung selbst bei 10 000 Euro Monatseinkommen, während der Erdbeerpflücker schon bei 1 500 Euro brutto nicht mehr eingestellt wird. Kann der Lohn nicht tiefer gedrückt werden, bleiben die Erdbeeren nach betriebswirtschaftlicher Logik eben ungepflanzt und ungeerntet. Für die Gesamtwirtschaft läßt sich daraus folgern: Löhne, die ein bestimmtes Limit nicht unterschreiten können, verhindern Produktion und verursachen Arbeitslosigkeit.

Tatsächlich beruht dieser Schluß auf der Suggestion, monetäre Werte würden unmittelbar und ungebrochen physische Mengenverhältnisse zum Ausdruck bringen. In Bereichen höherer Produktivität würde eben real *mehr* produziert als in solchen, in denen die Statistik geringere Produktivität ausweist. Aber physisch sind Erdbeeren mit Antivirenprogrammen oder auch Autos mit Telefonminuten überhaupt nicht vergleichbar. Es gibt kein einheitliches Maß und also auch kein *Mehr*. Was in dem angeführten Fall gemessen und verglichen wird, ist der *Umsatz* pro Beschäftigten. Der aber ist abhängig vom Preis des Produktes, und der Preis wiederum wird entscheidend durch die Kosten bestimmt. Hier beißt sich die Katze in den berühmten Schwanz, denn ein Teil der Kosten sind just die Löhne. Will heißen: Die statistisch gemessene Produktivität pro Beschäftigten ist in bestimmten Bereichen gerade deshalb niedrig, *weil* die Löhne es sind. Wird die geringe Produktivität dann wieder zum Vorwand, um den Druck auf die Löhne zu verstärken, entsteht eine Abwärtsspirale, die die Verteilungsrelation zwischen Gewinnen und Arbeitseinkommen immer stärker zugunsten der ersteren verschiebt.

Ganz nebenbei sei noch bemerkt: auch mangelnde Qualifikation ist alles andere als das Ergebnis von Lernfaulheit oder Blödheit. Im Herbst diesen Jahres wird die Ausbildungsmisere mit voraussichtlich 100 000 fehlenden Lehrstellen einen neuen Rekord erreichen. Auch diese 100 000 jungen Menschen werden sich wohl anschließend wieder von jenen, die ihnen ihre Ausbildung vorenthalten, anhören müssen, sie seien Löhne, von denen sie halbwegs leben könnten, nicht wert.

12. April 2003

Schuldturm

Daß sich auch in der Krise glänzend Geld verdienen läßt, belegen die US-Banken, die dieser Tage ihre Quartalszahlen präsentieren. Der weltweit größte Finanzkonzern Citigroup meldet fürs erste Quartal 2003 einen Rekordprofit von 4,1 Milliarden Dollar, ein Plus von 18 Prozent gegenüber dem bereits üppigen Ergebnis des gleichen Vorjahresquartals. Citigroup zählt damit zu den drei profitabelsten Unternehmen der Welt, nach dem Ölkonzern Exxon und in etwa gleichauf mit Royal Dutch/ Shell. Auch die Bank of America verweist stolz auf ein Gewinnplus von 11 Prozent und liegt damit im Branchentrend. Aktiencrash, Rezession, Megapleiten – anders als in der Arbeitsmarkt- oder in der Selbstmordstatistik scheinen die Unbilden des kapitalistischen Krisenzyklus in den Bilanzen US-amerikanischer Finanzhäuser kaum Spuren zu hinterlassen.
Dies sollte nicht zu dem Schluß verleiten, daß die Wirtschaftslage vielleicht doch besser ist als ihr derzeitiger Ruf. Der wahre Grund liegt vielmehr darin, daß *eine* schon zu Zeiten guter Konjunktur profitabel ausbeutbare Melkkuh in der Krise besonders viel Milch gibt: der verschuldete Verbraucher. Tatsächlich sind es in erster Linie seine Zahlungen, die alle sonstigen Verluste der US-Banken mehr als ausgleichen. Bereits 2002 konnte als Faustregel gelten: Je stärker eine US-Bank im Privatkundengeschäft mit Hypothekendarlehen und Kreditkarten engagiert war, desto bessere Zahlen meldete sie. Citigroup etwa verdiente im letzten Jahr 98 Prozent ihres Nettogewinns im sogenannten „globalen Massengeschäft". Auch das Gwinnwachstum im ersten Quartal 2003 hat nahezu ausschließlich hier seine Quelle.
Kein Wunder: Bei Refinanzierungszinsen der Banken von 1,25 Prozent und einem durchschnittlichen Sollzinssatz von 14,71 Prozent für Kreditkarten ist die Gewinnmarge stattlich. Die Nachfrage ist dennoch ungebrochen, gerade weil der Durchschnittshaushalt heute in der Regel weniger Geld und daher finanzielle

Sorgen hat. Aggressive Werbekampagnen, die einfaches schnelles Geld zur Sicherung des gewohnten Lebensstandards versprechen und die Kosten im Kleingedruckten verstecken, tun das ihre. Überdies nähren die Kredite mit Zins und Zinseszins ihr eigenes Wachstum: Wer die monatliche Rate nicht mehr zahlen kann, streckt, schuldet um – und zahlt am Ende noch mehr. Der Schuldendienst eines Durchschnittsamerikaners liegt heute bei 15 Prozent seines verfügbaren Einkommens, die durchschnittliche Schuldensumme übersteigt ein Jahresgehalt. Die Ausfälle infolge Überschuldung halten sich dennoch in Grenzen, weil die Kreditnehmer überwiegend der Mittelschicht entstammen, bei der selbst im Pleitefall immer noch irgendwas zu holen ist, an dem die Banken sich schadlos halten können. Die menschlichen Tragödien, die dem folgen, sind der finstere Schatten jener goldgeränderten Kredit-Bilanzen, der freilich bei ihrer stolzen Präsentation keine Erwähnung fand.

Wer glaubt, diese Zustände seien eine amerikanische Spezialität, irrt. Wie der jüngste Wochenbericht des Deutschen Instituts für Wirtschaftsforschung belegt, wird auch in Deutschland zunehmend auf Pump gelebt. Fast jeder vierte Privathaushalt ist heute verschuldet, vor fünf Jahren waren es erst 17 Prozent. Überproportional häufig sind Familien mit Kindern betroffen. Die gesamten Verbindlichkeiten privater Haushalte summieren sich auf mittlerweile 112 Prozent des Haushaltseinkommens und liegen damit sogar knapp über US-Niveau. Ärmere verschuldete Haushalte bringen laut DIW-Bericht heute durchschnittlich 23 Prozent ihres Einkommens für Zins und Tilgung auf.

Der Gewinn der amerikanischen Bankkonzerne rührt denn auch keineswegs nur aus dem heimischen Markt. Die Citibank etwa hat ihr Ratenkreditvolumen in Deutschland 2002 um gut 10 Prozent auf rund 8 Milliarden Euro gesteigert. 1,3 Millionen Kunden löhnen dafür mit einem Zins zwischen 13 und 14 Prozent.

Der Kontrast zwischen der Geldschwemme der US-Finanzhäuser und dem Gejammer und Geächz, das derzeit aus deutschen Banktürmen dringt, könnte kaum größer sein. Eine Eigenkapitalrendite nahe Null, wenn nicht handfeste Verluste, ein jährlich um 30 Prozent wachsender Berg fauler Kredite, 28 Milliarden Euro Rückstellungen für Risikovorsorge, Debatten über eine Bad Bank und japanische Verhältnisse ... – als man vor zehn Jahren zum ganz großen Sprung in die Elite der weltweit mächtigsten Global Player des Finanzbusiness ansetzte, hatte man sich die Zukunft anders vorgestellt. Spottbillig ist die Deutsche Bank derzeit zu haben, und es findet sich noch nicht mal ein Übernahmepirat. Auch die Privatisierungsuntat des Berliner Senats scheiterte bekanntlich mangels Nachfrage.

Was ist faul? Tatsächlich bieten die deutschen Banken ein schönes Lehrbeispiel, daß Profitgier und Profitabsahnen immer noch zwei unterschiedliche Dinge sind. In dem Gefühl, zu Höherem berufen zu sein, hatten sich die großen deutschen Geldhäuser seit Mitte der Neunziger zunehmend aus dem „Massengeschäft" verabschiedet und damit genau jene Henne geschlachtet, die derzeit goldene Eier legt. Statt dessen investierten sie aberwitzige Summen in ihre internationale Expansionsstrategie und den Ausbau ihrer Investmentsparte. Statt namenlose Mittelbetriebe zu kreditieren, verpulverten sie ihr Geld bei Enron, Worldcom, Kirch und Co oder in der Spekulation mit Aktien und Derivaten. Entsprechend hoch sind heute die Verluste, die durch kaum eine profitable Sparte ausgeglichen werden.

Graue Haare dürften den verantwortlichen Managern dennoch nicht wachsen, denn die Folgen baden andere aus. Keiner weiß, wie viele der 37 700 im letzten Jahr zusammengebrochenen Firmen noch bestehen und wie viele der dort vernichteten Arbeitsplätze noch existieren könnten, wenn irgendeine Bank bereit gewesen wäre, jenen Überbrückungskredit zu gewähren, an dem oft die Existenz hing. Und lange bevor Ex-Deutsche Bank-Chef Breuer in die Verlegenheit kommen könnte, seine Zweit- oder Drittvilla zu veräußern, wird Eichel dem noblen Finanzhaus noch jeden faulen Kredit mit Steuergeld abkaufen. Die beabsichtigte Gründung eines Gemeinschaftsunternehmens mit der staatlichen Kreditanstalt für Wiederaufbau zur Verbriefung vergebener Kredite dürfte – trotz gegenteiliger Beteuerungen – der erster Schritt in diese Richtung sein. *26. April 2003*

Hilfstruppen

Auf die Opposition ist Verlaß. Passend in die Vorbereitungsphase des SPD-Sonderparteitages hinein offerierten die Präsidien von CDU und CSU am letzten Wochenende ein gemeinsames Sozialreformpapier. Der Maßnahmekatalog, den es enthält, ist weder aufregend noch neu und lohnt die Lektüre kaum. Der tiefere Sinn des Papiers liegt ohnehin nicht in den Greueltaten, die es vorschlägt, sondern in der Generalnachricht an Schröders innerparteiliche Kritiker und an die Gewerkschaften: Leute, habt acht, es geht auch noch schlimmer!
Den Reiz dieser Strategie kannte bereits Ex-BDI-Chef Henkel, der sie einst Schröders Vorgänger angeboten hatte. Freimütig berichtet er in seiner Autobiographie über seinen Antrittsbesuch bei Helmut Kohl folgendes: „Ich wollte ihm [Kohl] erklären, daß ich immer dann, wenn er ‚hundert' liefern könne, ‚hundertfünfzig' fordern würde, damit er bei jenen, die nur ‚fünfzig' anbieten, sagen könne: ‚Ich habe mich ins Mittel gelegt, dies ist der Kanzlerkompromiß.' Damit wollte ich ihm helfen, seine Spielräume zu erweitern, und hoffte auf einen konstruktiven Gedankenaustausch." Allerdings habe, wie Henkel bekennt, das Zusammenspiel in dieser Frage mit Kohl nicht gut funktioniert. Schröder dagegen habe den Wert solcher Kooperation sofort begriffen.
Die freundliche Morgengabe Stoiberscher Provenienz dürfte dem Kanzler überaus gelegen kommen. Immerhin hat selbst DGB-Chef Sommer bisher keine Neigung gezeigt, mit Blick auf den „Agenda 2010" genannten finalen Enthauptungsschlag gegen jegliche Sozialität im kapitalistischen Deutschland ähnlich zu Kreuze zu kriechen wie die Gewerkschaftsspitzen es im Falle Rentenreform und Hartz-Konzept getan hatten. Irgendwo scheint es doch noch Grenzen zu geben, und ob soziales Gewissen oder purer Selbsterhaltungstrieb diese diktieren, ist nicht entscheidend. Einheitlich freilich agiert der DGB in dieser Frage schon

nicht mehr; IG BCE Chef Schmoldt attackiert in bewährter Rollenverteilung die noch kampfbereiten Einzelgewerkschaften Verdi und IG Metall. Auch innerhalb der SPD ist die Rettet-unsern-Kanzler-Kampagne erfolgreich angelaufen. Es wäre nicht das erste Mal, daß sich auf diesem Wege der Umfall auf ganzer Linie vorbereitet.

Während Henkels Motivlage leicht durchschaubar war, mag es einem naiven Beobachter seltsam erscheinen, weshalb die Union sich derart rührig um die Stabilisierung der Schröderschen Kanzlerschaft bemüht. Genau besehen erweist sie sich dadurch jedoch nur einmal mehr als guter Seismograph der Wünsche der herrschenden Klasse, die deutlich signalisiert hat, daß sie ausschließlich die SPD zur Umsetzung des von ihr geforderten Brachialkurses als machtpolitisch befähigt erachtet. Mag sein, mancher Konzernboss würde die asoziale Talfahrt gern noch ein wenig mehr beschleunigen, aber in der Richtung ist man sich einig, und spätestens seit dem 14. März nimmt man Schröder auch wieder ab, daß er diesen Kurs kompromißlos gegen die dem Profitkalkül weniger zugeneigten Genossen seiner Partei durchzusetzen gewillt ist. Das Handelsblatt registriert folgerichtig seit knapp zwei Monaten wieder abrupt steigende Sympathiewerte Schröders bei Deutschlands Managerelite, was möglicherweise dazu beiträgt, daß ihn die nicht minder abrupt fallenden SPD-Umfragewerte beim Normalvolk nur begrenzt beunruhigen.

Weil Sozialdemokraten indes traditionell schlimme Untaten nur dann mit gutem Gewissen billigen, wenn man ihnen einredet, sie hätten dadurch noch schlimmere verhindert, besteht die Tagesaufgabe darin, Schröders asozialen Super-Gau mit dem Nimbus des „kleineren Übels" zu versehen. Also wird seit einigen Wochen die Mannschaft der 150-Prozent-Forderer in Stellung gebracht: Zu ihr zählen die Verbände-Vertreter von BDA und BDI (Rogowski etwa mit seiner Forderung, das deutsche Mitbestimmungsmodell zu beseitigen), außerdem der Sachverständigenrat, der in seinem Frühjahrsgutachten die Schröder-Agenda zwar lobt, aber als unzureichend kritisiert, und jetzt eben auch CDU/CSU. Nutzbar (und daher in der Wirtschaftspresse weitlich publiziert) ist auch ein neueres Dossier des IWF, in dem Ökonomen ihren Namen für die These hergeben, das US-Modell würde Europa ein um etwa 5 Prozent höheres Wachstum bringen; entscheidend wäre dabei, den Kündigungsschutz auf US-Level zurückzuschneiden und gleiches mit dem Arbeitslosengeld zu tun.

Das Perfide an dem Schmierentheater ist, daß im Grunde jeder weiß, daß die Argumente verlogen sind, aber selbst viele der Kritiker nur von „falschen Ansätzen" statt von Interessenpolitik reden. Ein von Sommer jetzt vorgestelltes Alternativpapier zur Agenda 2010 wärmt – neben vernünftigen Forderungen – auch die Debatte um eine Mehrwertsteuererhöhung zur Senkung der Sozialabgaben wieder auf. Diese Forderung ist zum einen kaum weniger unsozial als Schröders Streichorgien, denn gerade Verbrauchssteuern treffen diejenigen am härtesten, die wenig verdienen. Zum anderen wird damit eine der Kernlügen der Kapitallobby – steigende Sozialabgaben verursachten Arbeitslosigkeit (während es sich tatsächlich gerade anders herum verhält) – indirekt akzeptiert. Daß trotz Krise und steigender „Lohnnebenkosten" immerhin 12 Dax-Unternehmen 2003 gegenüber 2002 ihre Dividenden erhöhen konnten – nicht wenige unter ihnen, die für dieses Jahr eine neue Welle von Stellenstreichungen angekündigt haben –, wird in solchen Diskursen eher selten erwähnt. Auf die Opposition ist Verlaß? Richtig, es gab eine solche bisher auch links von der SPD, eine, die sich immerhin noch traute, Umverteilung von oben nach unten zu fordern (auch wenn sie regierend oft genug das Gegenteil praktiziert), eine, die eine sozialistische Alternative zur Barbarei kapitalistischer Profitmaximierung zumindest noch in ihrem gültigen Programm fordert (auch wenn wohl gerade deshalb mancher seit Jahren „programmatische Erneuerung" verlangt). Auch diese Opposition geht Schröder derzeit bestens zur Hand, indem sie sich von jenem Flügel selbst- und medienernannter Reformer, der bereits den Verlust ihrer parlamentarischen Bundespräsenz hauptsächlich zu verantworten hat, einen selbstzerstörerischen Chaos-Kurs nebst Rückwendung hinter Gera aufzwingen läßt, der sie zuverlässig in den kommenden Wochen – wenn nicht endgültig! – zur Handlungsunfähigkeit und Selbstaufgabe als linke Oppositionspartei verdammt.

10. Mai 2003

Überraschungen

Das einzig wirklich erstaunliche an dem Vorgang ist das immer wieder ehrlich scheinende Erstaunen der Hauptdarsteller. „Das hat mich sehr überrascht." – kommentierte Wolfgang Wiegard, Ökonomieprofessor und staatlich gekürter „Wirtschaftsweiser", den erneuten Rückgang des deutschen Bruttoinlandsprodukts im ersten Quartal 2003. Die Wirtschaftsleistung befindet sich jetzt erneut zwei Quartale in Folge auf Schrumpfkurs, 0,5 Prozent liegt sie unter dem Vorjahreswert, eine halbe Millionen Menschen zusätzlich haben sich ins Heer der registrierten Arbeitslosen eingereiht. Und das, obwohl Schröder den Vorschlägen des weisen Professor Wiegard zur „Verbesserung der Angebotsbedingungen" treu gefolgt war: das soziale Netz wurde kräftig ausgedünnt, die „Lohnkosten" dank Hartz erneut gesenkt, das Großkapital mit Steuerforderungen nahezu nicht mehr belästigt und die Lebensbedingungen Arbeitsloser weiter verschlechtert.

„Das hat mich sehr überrascht" stand auch Zauberlehrling Eichel aufs Gesicht geschrieben, als die Steuerschätzer vor wenigen Tagen in gewohntem Ritual ihre vorangegangene Prognose dem Altpapierrecycling überantworteten: Um mindestens 8,7 Milliarden Euro niedriger als noch im November 2002 vorhergesagt werden die Steuereinnahmen in diesem Jahr ausfallen – wenn die Wirtschaft um 0,75 Prozent wächst, woran außer Eichel und Clement keiner mehr glaubt. Es wird also voraussichtlich noch ärger kommen, und als wollte er sicherstellen, daß auch die von den meisten Wirtschaftsinstituten derzeit noch prognostizierten 0,5 Prozent Wachstum unterboten werden, hat Eichel bereits ein „Leistungsmoratorium" angekündigt und gefordert, „alle Ausgaben" auf den Prüfstand zu stellen. Fast alle zumindest, denn 8,3 Milliarden Euro zur Anschaffung von 60 Militärtransportern A 400 M hat der Haushaltsausschuß gerade durchgewunken. Thyssen-Krupp, BMW und Telekom werden also nicht die einzigen Konzerne bleiben, die Gewinnsprünge nach oben melden. Der Einzelhandel indessen hat seine ursprüngliche Umsatzprognose für dieses Jahr, die auf minus 1,5 Prozent lautete, als „zu optimistisch" zurückgenommen.

Wer freilich die Interessen der Kapitallobby so sehr verinnerlicht hat, daß er Profitrekorde weniger Wirtschaftsriesen mit volkswirtschaftlichem Aufschwung verwechselt, muß den fortgesetzten Niedergang tatsächlich mit immer neuem Erstaunen quittieren. „Volkswirte stochern im Nebel" beschreibt das Handelsblatt mit verständnisvoller Nachsicht die Konjunkturanalyse und prognostische Aktivität der wirtschaftswissenschaftlichen Community und liefert auch gleich die Erklärung nach: Es handele sich eben nicht um einen „klassischen Konjunkturzyklus", sondern um eine Folge „äußerer Schocks" – angefangen vom 11. September, über den Aktien-Crash bis zum Irak-Krieg. Und Schocks hätten es leider an sich, daß sie niemand prognostizieren könne. Sie falsifizieren selbstredend auch nicht die Annahmen, auf denen die wirtschaftspolitischen Vorschläge beruhten. Also werden die bekannten Psalme noch ein wenig lauter gebetet: Privatisieren, Kürzen, Sparen, Sparen, Kürzen, Privatisieren ...

Selbst das Statistische Bundesamt freilich weiß: Wer um die 1200 Euro netto monatlich nach Hause trägt, gibt nahezu sein gesamtes Einkommen für Konsum aus; wer 5000 Euro verdient, legt dagegen gut ein Fünftel auf die hohe Kante; weit geringer noch sind die anteiligen Konsumausgaben dort, wo im Monat sechsstellige Beträge eingehen. Schröders Einkommenssteuerreform indes entlastet Normalverdiener mit weniger als drei Prozent, Einkommensmillionäre dagegen mit mehr als zehn Prozent. Steigende Verbrauchssteuern und Abgaben sowie Hartz tun das ihre, damit immer mehr Leute immer weniger auszugeben haben. Und da soll der Einzelhandel etwas anderes tun als schrumpfen? Selbst ein ökonomischer Laie kann leicht begreifen, daß eine Volkswirtschaft sich von einem Betrieb unter anderem dadurch unterscheidet, daß Kosten und Kunden überwiegend identisch sind. Wenn das Kapital sich ersterer entledigt, wird es irgendwann auch letztere missen. Außer einem Wirtschaftsweisen dürfte kaum ein Mensch schockiert sein, wenn er in einem Pool, aus dem zuvor das Wasser abgelassen wurde, nicht mehr vergnügt baden kann. Nach der Weltwirtschaftskrise und konfrontiert mit einer expandierenden Systemalternative hatte das Kapital diese Lektion vorübergehend gelernt. Es ließ seine politischen Belange für die folgenden Jahrzehnte durch Anhänger der keynesianischen Schule verwalten, die immerhin begriffen hatten, daß Mehrwert nicht nur *produziert*, sondern auch *realisiert* werden muß, damit die Ausbeutung sich lohnt. Als Nachfragefaktor genoß der Lohnabhängige fortan eine gewisse Aufmerksamkeit, selbst sofern das Kapital keine Verwendung als Arbeiter für ihn hatte. Und wenn es dennoch nicht reichte, sorgte der Staat durch antizyklische Ausgabenpolitik selbst für Absatzmöglichkeiten.

Vertreter dieser Richtung – und darum handelt es sich überwiegend bei Schröders innerparteilichen Kritikern – heißen heute im Handelsblatt „ökonomische Geisterfahrer". Ob es die, die sie so nennen, nicht besser wissen oder nicht besser wissen wollen, sei dahingestellt. Bezogen aufs Ausland immerhin vermögen sie Strategie und Ungeschick ganz gut zu unterscheiden. „Zum Programm der Republikaner" – schreibt selbiges Handelsblatt über das US-Modell, in dieser Frage durchaus nicht im Nebel stochernd – „gehört es seit Jahren, mit Hilfe von Steuerkürzungen eine weitere Schrumpfung der Bundes-Sozialprogramme zu erzwingen."

1994 lebten in den USA 5 Millionen Familien von Sozialhilfe; heute sind es noch 2 Millionen. Den „verschwundenen" 3 Millionen dürfte es, ob mit zwei oder drei Jobs, ob auf der Straße, als Mitglied einer kriminellen Gang oder bereits im Gefängnis, jedenfalls dreckiger gehen als je zuvor. Ähnliche Ergebnisse scheint Schröder anzupeilen. 1930 war dann wohl auch so mancher Ökonomieprofessor „sehr überrascht". Nur, zwei Mal sind endgültig genug.

24. Mai 2003

Zinsen und Margen

Die Leitzinssenkung um 0.5 Prozentpunkte, zu der sich die Europäische Zentralbank am Donnerstag endlich durchrang, war überfällig. Europaweit herrscht Ödnis. Die Wirtschaften stagnieren oder befinden sich wie Deutschland (-0.2 Prozent), die Niederlande (-0.3 Prozent) und Italien (-0.1 Prozent) auf Schrumpfkurs. Die einzige Zahl in den europäischen Statistiken, die kräftige Steigerungsraten ausweist, ist die Arbeitslosenquote. Im EU-Durchschnitt liegt sie derzeit bei 8,8 Prozent und damit auf dem höchsten Stand seit drei Jahren. Die Europäische Zentralbank selbst hat ihre Wachstumsprognose für den Euro-Raum mehrfach nach unten revidiert.

Das alles ist allerdings nicht neu und galt im Grunde auch schon, als der EZB-Rat das letzte Mal tagte und die Zinsen unverändert ließ. 53 Prozent der deutschen Topmanager befürworten diese Entscheidung, nur 46 Prozent – überwiegend aus mittleren Betrieben – sprachen sich damals für eine Senkung aus.

Diese Relation mag erstaunen, sollten Unternehmen – folgt man neoklassischer Lehrbuchweisheit – doch stets Interesse an möglichst niedrigen Zinsen haben. In Wahrheit gilt das aber nur für jene, deren Schulden ihre Finanzpolster übersteigen, was bei einem beträchtlichen Teil der Dax-Konzerne schon lange nicht mehr (und auch nach drei Jahren Börsencrash und Krise noch lange nicht wieder) der Fall ist. Wer dagegen auf einem großen Geldberg sitzt – und hier mögen die befragten Manager nicht allein das Interesse ihres Unternehmens artikulieren, sondern den Instinkt ihrer Klasse insgesamt –, den treibt im Zeitalter einer durch kein Metall mehr gedeckten Währung Inflationsangst um, die nicht selten ins Paranoide und Hysterische umschlägt. Diese Paranoia sind der Baustoff, aus dem die geldpolitische Strategie der Europäischen Zentralbank – wie einst der Bundesbank – gemacht ist.

Natürlich geht es letztlich nie um die Inflationsrate als solche, sondern immer um das Verhältnis von Nominalzins und Inflation.

Mit 8 Prozent Inflation und einem Zinsfuß von 13 Prozent können Geldvermögensbesitzer allemal besser leben als mit 2 Prozent Zinsen ohne Inflation. Aber in der für sie besten aller möglichen Welten vereinigen sich Geldwertstabilität und ein ordentlicher Zins. So erschienen selbst kurz vor dem jüngsten EZB-Entscheid im Handelsblatt noch Artikel, die für eine Beibehaltung des Niveaus von 2,5 Prozent warben. „Eine Erhöhung der Inflation", wurde argumentiert, „würde Kosten in Form von Vermögensumverteilungen nach sich ziehen." Sehen wir davon ab, daß von einer Erhöhung der Inflation gegenwärtig keine Rede sein kann – Umverteilungen finden mit sinkenden Zinsen tatsächlich statt, allerdings stehen den „Kosten" (lies: geringeren Einnahmen) der Vermögensbesitzer gleich hohe Zugewinne bei den Schuldnern (etwa den öffentlichen Haushalten) gegenüber. Ein zweites Argument gegen Zinssenkungen bestand denn auch just darin, daß niedrigere Zinsen den Druck auf die öffentliche Hand verringern würden und damit Schröders Sozialkahlschlag verlangsamen könnten. Denn je schmaler der Zinsaufschlag, desto billiger werden neue Schulden. Jedes noch so kleine Zinsprozent ist also über die Jahre Milliarden öffentlicher Gelder wert, die auf die Konten privater Anleger geschaufelt werden müssen.

Aber all diesen schönen Argumenten zum Trotz hat sich der Mehrheitstrend in den letzten Wochen spürbar gewandelt. Immer mehr Wirtschaftsbosse befürworten nunmehr einen EZB-Zinsschritt nach unten. Herbeigeführt wurde dieser Stimmungswechsel mitnichten durch die tausenden Arbeitslosen, die es seither zusätzlich gibt, sondern in erster Linie durch den hartnäckigen Höhenflug des Euro, der auf die Erträge der europäischen Exportwirtschaft drückt. Deutsche Konzerne sind dabei besonders betroffen, denn in kaum einem Land ist der Binnenmarkt in einem traurigeren Zustand als nach fünf Jahren rosa-grüner Kapital-Hörigkeit hier in der Bundesrepublik. Schon im letzten Jahr hat allein die erneute Steigerung des Exports die deutsche Wirtschaft vor dem Einbruch gerettet. Das läßt sich aber nur wiederholen, wenn die Einnahmen außerhalb des Euro-Raums, in heimischer Währung berechnet, nicht immer weiter an Wert verlieren.

Allein gegenüber dem Dollar hat der Euro in den vergangenen 12 Monaten um fast ein Drittel aufgewertet. Zudem tobt, seit US-Finanzminister Snow die eigene Währung zwecks Ankurbelung der Konjunktur zur Abwertung freigegeben hat, ein regelrechter Abwertungswettlauf zwischen ersterer und den Währungen Südostasiens, das gleichfalls um seine Exporte fürchtet. Bricht beispielsweise der krisen- und deflationsgeschüttelten japanischen Wirtschaft noch dieser letzte Anker weg, sieht es rabenschwarz aus. Um den Dollar zu stützen und die eigene Währung zu schwächen, kaufen asiatische Notenbanken seither massiv US-Staatsanleihen. Für die USA hat das den Vorteil, daß die Finanzierung ihres ausufernden Leistungsbilanzdefizits selbst bei abwertendem Dollar ohne Probleme möglich bleibt und die Zinsen auf dem Markt für langfristige Anleihen nicht steigen. Letzteres kann Greenspan durch niedrige Leitzinsen allein nämlich nicht gewährleisten. Der Nachteil der asiatisch-amerikanischen Währungsschlacht für die Euro-Länder allerdings ist, daß europäische Exporte eben nicht nur in Übersee, sondern auch in der pazifischen Region immer teurer werden, was selbst für den verbissensten Hartwährungs-Fetischisten denn doch zuviel des Guten sein mag.

Den Euro und damit die Exportwirtschaft wird die jetzt vollzogene Zinssenkung vielleicht vorübergehend entlasten. Ob nennenswerte konjunkturelle Impulse von ihr ausgehen werden, darf bezweifelt werden. Nicht nur, weil niedrige Zinsen allein noch keine Investition anregen, solange die Absatzlage weltweit düster bleibt. Sondern auch, weil die Zinssenkung bei denen, die sie wirklich brauchen können – mittlere und kleine Betriebe und Verbraucher – nicht einmal ankommen wird. „Die Kreditkunden der Banken", wußte das Handelsblatt schon am 15. Mai, „können ... auch bei einer weiteren Zinssenkung der EZB nicht mit besseren Konditionen rechnen. Vielmehr haben verschiedene Banken bereits angekündigt, im Firmenkundengeschäft die Margen durch Zinserhöhungen ausweiten zu wollen." Noch Fragen?

7. Juni 2003

Zahnlücken

Im Vergleich zum Rürupschen Original mag das am Mittwoch in erster Lesung im Bundestag behandelte Monstrum mit Namen „Gesundheitssystemmodernisierungsgesetz" harmlos scheinen. Wir erinnern uns: Nach Geschmack des Herrn Rürup sollten die Kassenbeiträge völlig von den Löhnen abgekoppelt und jeder Versicherte zur Zahlung einer „Kopfprämie" verpflichtet werden; abgedeckt werden sollte damit allerdings nur der medizinische „Grundbedarf" – bzw. das, was die gewiß exklusiv privatversicherte Expertenrunde dem Normalsterblichen als unerläßlich zuzubilligen bereit war. Genauer definiert wurde das nicht, aber soviel immerhin drang durch: der Anspruch, Zähne im Mund zu haben oder beim Sturz von der heimischen Leiter das gebrochene Bein eingegipst zu bekommen, gehörte nicht dazu. Da schon der Akt, einen Arzt aufzusuchen, statt mobil, flexibel und fit bis zum Umfallen der Kapitalverwertung zur Verfügung zu stehen, offenbar eine Zumutung an die Gemeinschaft darstellt, sollten die Delinquenten per Praxisgebühr dafür löhnen. Im Gegenzug waren in Rürups Wunschwelt die Arbeitgeber von dem Ärgernis, die Krankenversicherung ihrer Beschäftigten mitfinanzieren zu müssen, ganz zu befreien.

Ulla Schmidt hat die Rürupsche Rezeptur mit etwas Wasser verdünnt und mit reichlich Süßstoff verrührt, um ihr den allzu bitteren Geschmack zu nehmen. Dadurch freilich wird aus einem Brechmittel noch kein Honigkuchen. Die Praxisgebühr beispielsweise fällt jetzt nur an, wenn der Facharzt ohne vorherige Konsultation des Hausarztes aufgesucht wird. Ganz sicher ist gegen eine gestärkte Stellung des Hausarztes nichts einzuwenden. Immerhin gehört dessen Job mit Rücksicht auf Verdienst wie öffentliches Ansehen bisher zu den undankbarsten im Gesundheitswesen, was in keinem Verhältnis zu der Verantwortung steht, die gerade Hausärzte haben, und zu der aufreibenden Arbeit, die die meisten von ihnen leisten. Auch gegen „Gesundheitszentren" zur integrierten

Versorgung und zur Vermeidung von Doppeluntersuchungen läßt sich nichts zu sagen. Allenfalls werden sich einstige DDR-Bewohner fragen, weshalb ihre Polikliniken erst zerschlagen werden mußten, um ihnen jetzt als neue Reformidee kredenzt zu werden. Aber sei's drum, besser spät gelernt als gar nicht.

Der Haken liegt woanders. Es ist mit der Praxisgebühr wie mit den Zuzahlungen: Ist der Damm erst gefallen, schwemmen die Fluten immer mehr grüne Wiesen ins Wasser. Als Blüm 1983 erstmals wieder direkte Patientenzuzahlungen einführte, ging es zunächst um relativ kleine Beträge mit großen Ausnahmeregelungen. Die Entwicklung, die das Zuzahlungsunwesen seither genommen hat, ist bekannt. Gleiches ist im Falle Praxisgebühr zu erwarten: hat die Öffentlichkeit sich erst daran gewöhnt, daß ein Arztbesuch unter bestimmten Umständen ebenso Geld kostet wie der Besuch beim Friseur oder Kfz-Mechaniker, wird die Frage auftauchen: Warum nur in dem besonderen Fall und nicht überall? Und warum nicht für Spezialisten mehr als 15 Euro? Oder abgestuft nach dem Alter des Patienten? Dem Ideenreichtum sind keine Grenzen gesetzt.

Auch die Entwicklung hin zu gesetzlichen Kassen, die gerade noch den Minimalbedarf abdecken, während die persönliche Liquidität über den Rest entscheidet, wird mit Schmidts Gesetz kräftig vorangetrieben. Erneut werden medizinische Leistungen aus dem Kassenkatalog gestrichen: diesmal Brillen sowie die Kosten für künstliche Befruchtung und Sterilisation. Wer Arzneien braucht, wird künftig noch tiefer in die Tasche greifen müssen. Die Zuzahlungen pro Packung steigen bis maximal 8 Euro. Wer gar das Pech hat, ein Medikament zu benötigen, das nicht der Verschreibungspflicht unterliegt, darf künftig den vollen Preis aus eigener Tasche blechen. Noch teurer werden auch Krankenhausaufenthalte und Zahnersatz.

Von Rürups Geiste tief durchdrungen ist schließlich die Herausnahme des Krankengeldes aus der paritätischen Finanzierung: Die sieben Milliarden, die hierfür jährlich aufgewandt werden, müssen die abhängig Beschäftigten künftig allein zahlen, was einer erneuten Kürzung des Reallohns gleichkommt. Auch zeigt dieser

Vorgang noch einmal überdeutlich, daß es bei all der geheuchelten Aufregung über „hohe Beiträge" letztlich nur um deren profitrelevanten Teilbetrag geht. Denn selbst wenn das Reformpaket sein erklärtes Ziel erreichen sollte, den Beitragssatz von derzeit 14,3 Prozent auf 13 Prozent zu senken, werden die Beschäftigten am Ende mehr zahlen als jetzt. „Versichertenbezogene Finanzierung" heißt dieser Vorgang süffisant in Schmidts Gesetz. Zudem gilt für das Krankengeld das gleiche wie für die Praxisgebühr: Es ist der nach Einführung privater Zuzahlungen zweite entscheidende Schritt, dem System der paritätischen Finanzierung den Garaus zu machen. Weiterungen liegen längst in den Schubfächern und werden nicht zuletzt CDU-Verhandlungsposten sein.

Schmidts Gesetzespaket als weichgespülten Rürup zu deuten, der uns vor der Hardcore-Version bewahrt, wäre daher ein grobes Mißverständnis. Es ist statt dessen ein kleiner Rürup-Klon mit besten Wachstumschancen. Worauf es jetzt ankommt, ist nicht die Schrittweite, sondern die Weichenstellung.

Die Ziellinie hat der BDI am 13. Mai bei Vorstellung seiner „Initiative vitale Gesellschaft" erneut umrissen: Vollständiger Rückzug des Staates aus dem Gesundheitsbereich, gänzliche Abschaffung der paritätischen Finanzierung, Abkoppelung der Beiträge von den Einkommen, individuelle Wahlfreiheit hinsichtlich des Versicherungsumfangs. Es gäbe keinen Grund, wurde den versammelten Damen und Herren bei Vorstellung der Initiative erläutert, weshalb die Krankenversicherung „nicht genauso wie eine Autoversicherung" strukturiert sein solle.

Zynismus? Nein, was hier ausgesprochen wird – und was sich weder Rürup noch Schmidt auszusprechen wagen würden –, ist einfach die Konsequenz einer Privatisierung des Gesundheitswesens. Den Aktionären der Versicherungskonzerne ist es völlig schnurz, ob der Gegenstand der verkauften Policen Autos, Häuser oder Herzinfarkte sind, solange die Dividende stimmt. Privates Kapital zielt auf Ertrag, also umwirbt es lukrative Kunden und meidet die Kostenbringer. Wer bereits Unfälle hatte, zahlt seiner Autoversicherung mehr als einer, der seit Jahrzehnten unfallfrei

fährt. Wer gar aus purer Liebhaberei einen rostzerfressenen Oldtimer versichern will, muß (in Ländern ohne TÜF, denn nur da steht die Frage) entsprechend tief in die Tasche greifen, so er überhaupt noch eine Versicherung findet. Der Versicherungsumfang wiederum wird zur Frage der Wahl: Dem Risikofreudigeren stehen niedrigere Beiträge bei höherer Eigenbeteiligung offen.
Die Übersetzung in den Bereich der Krankenversicherung lautet: Wer häufiger krank ist, zahlt mehr als der Gesunde, Ältere mehr als Junge, Frauen mehr als Männer. Wer bereits ein heftiges Gebrechen hat, wird gar nicht erst genommen. Und wer eines kriegt und den Eigenanteil an den Reparaturkosten nicht zahlen kann? Wer sich kein Auto leisten kann, der kann eben keins fahren, und daß im Falle Gesundheit aufwendige Reparaturen mitnichten durch einen Neuwagen zu ersetzen sind, geht die Versicherung nichts an. Sie ist nicht die Caritas, ihr Ziel heißt nicht Wohlfahrt, sondern Rendite – und wer den Radius der privaten Krankenversicherung immer mehr ausweitet, sollte die Konsequenzen kennen.
Besonders demagogisch ist es, den schleichenden Systemwandel unter dem Ticket „Einsparungen" zu verkaufen. In Wahrheit ist der übergroße Teil des angeblichen „*Einsparbetrages*" von 13 Milliarden Euro, den Schmidts Reform sich auf die Fahne geschrieben hat, ein *Umverteilungsbetrag*: Weg von den Unternehmen, hin zu den Beschäftigten, weg von den Gesunden, hin zu den Kranken. Und generell: Weg von den Reicheren, hin zu den Ärmeren. Denn letztere sind im statistischen Durchschnitt deutlich häufiger krank als Wohlhabende – auch über die Gründe dafür lohnte es nachzudenken.
Daß ein überwiegend privatisiertes Gesundheitssystem insgesamt nicht einmal kostengünstiger ist als ein öffentliches, belegen die Vereinigten Staaten, die mit Gesundheitsausgaben von durchschnittlich 4631 $ pro Kopf und Jahr weltweit an der Spitze liegen. Zum Vergleich: die deutschen Ausgaben liegen bei umgerechnet 2748 $. Während drei Viertel davon allerdings immer noch durch die gesetzlichen Kassen getätigt werden, handelt es sich in den USA zu mehr als der Hälfte um Ausgaben des privaten Sektors.

Auf der Nachtseite des teuren US-Systems stehen mehr als 40 Millionen Amerikaner, die gänzlich ohne Krankenversicherung leben müssen, weil sie sich die teuren Prämien nicht leisten können. Und sofern die durchschnittliche Lebenserwartung als Indiz für den Nutzwert eines Gesundheitssystems gelten kann, ist das US-amerikanische unter denen der 14 größten Industriestaaten das schlechteste. Die Privatisierung hat also in erster Linie zu einer extremen Kluft zwischen medizinischen Spitzenleistungen, die für eine kleine wohlhabende Klientel erbracht werden, und einer katastrophalen Unterversorgung gerade ärmerer Bevölkerungsschichten geführt. Wer wissen will, wohin Schmidts Reise geht, wenn Widerstand weiterhin so schwach bleibt, dem sei daher hier wie in anderen Fragen der Blick nach Übersee empfohlen.

Die Alternative? Ein erster Schritt wäre die gesetzliche Kontrolle der Preise für Pharmaprodukte, die diese um etwa ein Drittel verbilligen könnte (denn die durchschnittlichen Gewinnmarge allein der Hersteller im Pharmabereich liegt bei 30 Prozent). Als nächstes stünde die Beitragspflicht *aller* Einkommensarten für die gesetzliche Krankenversicherung an, also auch der Einkommen aus Gewinn und Vermögen, die in den letzten Jahren massiv gewachsen sind. Ein dritter Schritt wäre die Abschaffung der Versicherungspflichtgrenze, so daß auch gesunde Gutverdiener gesetzlich versichert bleiben. Der vierte Schritt ergibt sich als Konsequenz aus dem dritten und bestünde in der Abschaffung privater Krankenversicherungen; damit hätte jene zynische Konkurrenz um die lukrative Kundschaft der jungen Gesunden mit hohem Salär ein Ende. Dies alles zusammen würde die Finanzlage der gesetzlichen Krankenversicherungen so hinreichend entlasten, daß Defizite ebenso der Vergangenheit angehören könnten wie private Zuzahlungen jeder Art.

21. Juni 2003

Beschenkte Millionäre

Der Weg der Erkenntnis ist lang. Inzwischen hat es sich also bis ins Kanzleramt herumgesprochen, daß konjunkturelle Flauten und unausgelastete Kapazitäten nicht, wie obligatorisch betont, Folge von „Reformstau" und „hohen Lohnkosten" sein müssen, sondern womöglich aus mangelnder Nachfrage herrühren könnten. Konsumtive Nachfrage wiederum, das haben die Hofökonomen Schröder beigebracht, resultiert aus dem Einkommen, das die Leute netto nach Hause tragen. Um also die Konjunktur wieder auf Trab zu bringen, hat der Kanzler flugs gefolgert, muß man die Einkommen steuerlich entlasten, je höher sie sind, desto mehr, und je eher, je besser.

Dieser Schluß gefiel der Wirtschaftslobby, die sofort die Trommel zu rühren begann, und siehe da: in Neuhardenberger Idylle ward der vielbeschworene „Sparzwang" plötzlich vergessen, und die letzte Stufe der Steuerreform, die eigentlich erst 2005 fällig gewesen wäre, kommt nun schon nächstes Jahr. Der Eingangssteuersatz wird am 1. Januar 2004 von 19,5 auf 15 Prozent sinken und der Spitzensteuersatz von 48,5 auf 42 Prozent. Das steuerfreie Existenzminimum steigt auf 7664 Euro. Schätzungsweise 21 Milliarden Euro kostet das generöse Steuergeschenk die öffentliche Hand, 15,6 Milliarden mehr als ursprünglich geplant.

Beschäftigte und mittelständische Firmen hätten damit, rechnete Schröder den angereisten Journalisten vor, „10 Prozent weniger Einkommenssteuer zu zahlen als 2003", ein Resultat, zu dem man für den individuellen Fall zwar auf den ausgetretenen Pfaden der üblichen Mathematik nicht gelangt, aber wenn Schröder einmal am Reformieren ist, warum dann nicht gleich auch die schnöden Rechengesetze ... „Zehn Prozent weniger Einkommenssteuer", erläuterte der Kanzler ferner seine neue Einsicht in den volkswirtschaftlichen Gesamtzusammenhang, „bedeuten 10 Prozent mehr für den Konsum", weshalb er „positive Wachstumsimpulse" erwarte.

Auf die wartet die SPD bekanntlich schon eine Weile, und es wird vorerst auch beim Warten bleiben. Denn so richtig es ist, daß mangelnde – genauer: durch Sozialkürzungen und niedrige Lohnabschlüsse abgeschnürte und abgewürgte – Kaufkraft eine wesentliche Ursache der volkswirtschaftlichen Malaise darstellt, so absurd ist die Annahme, daß die Steigerung des verfügbaren Einkommens als solche daran etwas ändern kann. Die statistische Gesamtgröße „verfügbares Einkommen" steht nämlich in keinerlei ursächlichem Zusammenhang zur Höhe der Konsumnachfrage. Der entscheidende volkswirtschaftliche Parameter ist die *Verteilung* dieses Einkommens.

Das verfügbare Einkommen ist auch im letzten Jahr leicht gestiegen, was nichts daran änderte, daß die Ausgaben für privaten Konsum, die 60 Prozent der volkswirtschaftlichen Gesamtnachfrage ausmachen, um 0.5 Prozent zurückgingen. Der Grund liegt einfach darin, daß jeder, der einen Euro Einkommen erhält, damit prinzipiell zwei Dinge tun kann: er kann sich etwas Schönes kaufen oder er kann ihn auf die hohe Kante legen. Je größer sein Gesamteinkommen, desto größer sind die Spielräume für letzteres, während jemand, der 600 Euro im Monat verdient, die Wahl zwischen Sparen und Konsumieren genau besehen gar nicht hat. Er ist dazu verdammt, von der Hand in den Mund zu leben, und steigt sein Einkommen, wird er auch dann zunächst eher sein Dasein etwas menschenwürdiger gestalten, bevor er dazu übergeht, Sparbücher anzulegen.

Die Korrelation von hohem Einkommen und hoher Sparquote ist also plausibel und im übrigen statistisch nachgewiesen: Wer unter 1500 Euro netto verdient, spart im Schnitt so gut wie nichts, wer dagegen zwischen 5000 und 17 000 Euro im Monat nach Hause trägt, legt etwa ein Viertel davon als Reserve zurück. Die Sparquote von Einkommensmillionären wird statistisch nicht ausgewiesen, dürfte aber noch weit darüber liegen. Wenn also das verfügbare Einkommen bei gleichzeitiger Umverteilung von unten nach oben wächst, das heißt wenn sich in erster Linie die über steigende Einkommen freuen, die schon vorher sehr hohe hatten, während Einkommensschwache sogar Einbußen erleiden, dann ist nicht zu erwarten, daß die Konsumausgaben steigen, sondern alles spricht dafür, daß sie sinken.

Das aber ist genau das Szenario der Schröderschen Steuerreform im Kontext eines brachialen Sparkurses, den die Agenda 2010 weiter forciert. Wer verheiratet ist und keine Kinder hat, wird bei einem Jahreseinkommen von 20 000 Euro im nächsten Jahr 1168 Euro Steuern sparen, wobei schon Schmidts Gesundheitsreform ihm einen Teil wieder aus der Tasche zieht. Wer dagegen 1 Million Euro im Jahr sein Einkommen nennt, spart das Hundertfache, nämlich 102 453 Euro. Der überwiegende Teil des üppigen Steuergeschenks verschwindet also auf bewährte Weise in den dicken Brieftaschen der Spitzenverdiener und wird so allenfalls dem Aktienmarkt Impulse verleihen.

Schlimmer noch: Die 21 Milliarden, die der öffentlichen Hand jetzt für 2004 fehlen, müssen aus irgendeiner Quelle finanziert werden. Prinzipiell stehen dazu drei Möglichkeiten offen: Der Staat kann andere Steuern erhöhen, er kann sich weiter verschulden, oder er kann seine Ausgaben weiter kürzen. Eichel hat das zweite und das dritte vor. Die Ausgabenkürzungen aber richten sich erneut vor allem gegen Langzeitarbeitslose, deren Einkommen auf Sozialhilfeniveau absinkt, und Rentner, die im nächsten Jahr eine Nullrunde bei gleichzeitig steigendem Anteil an den Krankenkassenbeiträgen, also eine faktische Rentenkürzung hinnehmen müssen. Selbst wenn sich also der ein oder andere Snob von über 100 000 Euro Steuerersparnis dazu hinreißen lassen sollte, die geschenkte Luxuslimousine tatsächlich als Zweitwagen zu kaufen oder der Gattin ein neues Juwel zu verehren, wird das den Nachfrageeinbruch seitens jener Millionen Geringverdiener, die künftig noch weniger wissen werden, wie sie ihren nackten Lebensunterhalt finanzieren sollen, nicht annähernd ausgleichen. Von der Erbärmlichkeit und Perfidie einer solchen Politik nicht zu reden.

5. Juli 2003

Notizen zur Unterzeichnung
des Koalitionsvertrages
zwischen SPD und PDS in Berlin

„Drecksarbeit"

„Die müssen auch mal die Drecksarbeit machen!", Günter Rexrodt scheint nicht unzufrieden mit dem Verlauf der Koalitionsgespräche. Warum auch? Die FDP hatte den elegantesten Abgang, den sie sich wünschen konnte: gradlinig und prinzipienfest steht sie da, eine Partei, die lieber die Opposition wählt als entgegen ausdrücklichem Wahlversprechen die eigene Klientel mit Steuererhöhungen zu traktieren. Daß es die strittigen Steuern, an denen die Ampel zerbrach – die Getränke- und Motorbootsteuer – nun selbst mit der PDS nicht geben wird, erlaubt zudem, die SPD des bewußten Falschspiels zu bezichtigen. Ob sie die Ampel je wollte, mag offen bleiben. Offensichtlich ist, daß sie sie am Ende gezielt zu Fall brachte und sich – mit Rückendeckung der Bundesebene – für die PDS entschied. Daß diese Entscheidung aus plötzlicher Sorge um die „Einheit der Stadt" und die Befindlichkeit der Ostberliner erwuchs oder Wowereit gar jäher „Respekt vor dem Wählerwillen" den nächtlichen Schlaf raubte, dürfte kaum der blauäugigste Zeitgenosse glauben. Es wurde oft genug ausgesprochen, worum es geht. Etwa von Wowereits Berater Tilman Fichter, der bereits im Juni letzten Jahres in einem Zeitungsinterview folgende Rechnung aufmachte: „Die Modernisierung, die auch im Osten ins Haus steht, ist nur mit einer PDS möglich, die den Bürgern klipp und klar sagt, ... daß wir, ob Ost oder West, einen Strich unter unser bisheriges Leben machen müssen. Dazu brauchen wir die PDS im Osten ... Wenn die Zusammenarbeit dazu führt, daß die PDS den Menschen im Osten die Angst vor der Moderne nimmt, ... wird das positiv bewertet werden. Schürt die PDS diese Ängste populistisch, kann es nur negativ gesehen werden." (Net-Zeitung, 21.6.01) Entfernen wir die übliche Chiffre, in der „Moderne" für sozialen Kahlschlag und „Angst" für möglichen Widerstand steht, ist die Aussage eindeutig: es geht darum, einen sozialen Crash-Kurs durch Einbindung der linken Opposition gegen mögliche Protestbewegungen abzusichern; falls sich letztere nicht ganz verhindern lassen, soll ihnen zumindest jede parlamentarische Lobby und parteipolitische Unterschützung genommen werden.

Die Rechnung ist nicht neu und historisch leider schon einige Male aufgegangen. Wenn die schlimmsten Sauereien anstehen, nimmt man gern die Linke mit ins Boot und schlägt so zwei Fliegen mit einer Klappe: Gegenbewegungen werden geschwächt und bleiben alleingelassen; außerdem ruiniert die Linke ihre Glaubwürdigkeit und fällt so auch für die Zukunft als Störfaktor aus. Das Kalkül ist so simpel und offensichtlich, daß es fast peinlich ist, lange Artikel darüber zu schreiben. Noch peinlicher ist freilich, daß es dennoch immer wieder funktioniert.

Das bisher in die Öffentlichkeit gedrungene Koalitionsprogramm des rot-roten Senats liest sich wie die worttreue Abschrift aus einem Lehrbuch für blindwütigen Neoliberalismus. Da scheint nichts mehr übrig zu sein von dem, was PDS-Politik einmal ausmachte und wofür sie Vertrauen und Unterstützung gewann. Es ist fast, als hätten die Unterhändler sich dem Motto verschrieben: Man nehme das gültige PDS-Parteiprogramm und tue in jedem Punkt das genaue Gegenteil: „Ausbau öffentlicher Beschäftigung"? 2,1 Milliarden Mark sollen im Öffentlichen Dienst eingespart und mindestens 15 000 Stellen gestrichen werden. Daß dies durch altersbedingte Fluktuation geschehen soll, macht die Sache zwar für die Betroffenen annehmbarer; die Stellen fehlen aber trotzdem, zumal Alternativen nirgends existieren. Die Beschäftigtenzahl in der Berliner Industrie ist in den zehn Jahren nach 1989 von einst 400 000 auf 130 000 gesunken. Und der private Dienstleistungssektor baut zur Zeit auch eher Stellen ab als auf. *„Unterstützung der Gewerkschaften in ihrem Kampf um Umverteilung von oben nach unten"*? Etwa 1 Milliarde Mark der genannten Einsparungen im öffentlichen Dienst sollen den Gewerkschaften in einem „Solidarpakt" abgehandelt werden: Verlängerung der Arbeitszeit ohne Lohnausgleich und teilweiser Verzicht auf das Weihnachtsgeld sind im Gespräch. *„Beendigung der profitorientierten Wohnungsprivati-*

sierung"? Der Verkauf von Wohnungsbaugesellschaften soll dem maroden Berliner Haushalt etwa 2 Milliarden DM einbringen. *Ein „sozial gerechtes Steuersystem"*? Geplant sind eine Erhöhung der Grundsteuer, die direkt auf die Mieten durchschlägt, und eine Konzessionsabgabe auf Wasser. Beides zusammen belastet einen Berliner Durchschnittshaushalt mit etwa 85 DM pro Jahr, ein Betrag, der bei Bezug eines Senatorengehalts vernachlässigbar gering sein mag, für einen Sozialhilfeempfänger indes etwa dem zehnfachen seiner täglichen Ausgaben für Nahrungsmittel entspricht. *„Erhalt und Ausbau kommunalen Eigentums"*? Sämtliche Unternehmensbeteiligungen des Landes Berlin sollen überprüft und jene, die „nicht von strategischer Bedeutung" sind, verkauft werden. Unter den Verkaufsangeboten befindet sich insbesondere die Bankgesellschaft Berlin, wobei der Senat alle Immobilienrisiken und Altlasten übernimmt. Es steht also zu befürchten, daß die Privatisierung dem bewährten Treuhand-Motto folgen wird: aus Guthaben mach Schulden, für die der Steuerzahler dann teuer einzustehen hat. *„Rechtsanspruch für Kinder auf einen unentgeltlichen Kita-Platz"*? Von den noch 852 städtischen Kitas soll die Hälfte bis 2006 privatisiert werden. Die Konsequenzen auf der Kostenseite sind absehbar: ein privater Kindergarten muß sich ‚rechnen'. *„Ausbau des öffentlichen Gesundheitsdienstes"*? Dem Universitätsklinikums Benjamin Franklin wird der Geldhahn zugedreht, obschon Berlin alles andere als überversorgt mit Krankenhausbetten ist. *Die „Verwandlung von Sport- und Kultureinrichtungen in verwertungsorientierte Unternehmen aufhalten"*? Zwölf Schwimmbäder werden geschlossen. Das SEZ soll privatisiert werden, eine Maßnahme, die die CDU bereits in der großen Koalition vorgeschlagen hatte und die damals noch am Widerstand der SPD gescheitert war. Dem Theater des Westens werden die jährlichen Zuwendungen von 20 Millionen Mark gestrichen, sein Verkauf ist geplant. Eine „neue Politik"? Höchstens insofern, als die Kürzungen, Einschnitte und Privatisierungen, die der rot-rote Senat plant, spürbar über das hinausgehen, was die Große Koalition in all den Jahren ihrer Existenz an sozialen Grausamkeiten verbrochen hat.

Hätte sie es je gewagt, ein solches Programm vorzulegen, wäre dies zweifellos auf den wütenden Protest der Oppositionspartei PDS gestoßen. Wozu wurde Diepgen gestürzt? Um es selbst zu machen?

Es gibt eigentlich nur ein Argument, das zugunsten dieser selbstzerstörerischen Politik angeführt wird: *der Wähler*, heißt es, erwarte, daß sich die PDS in einer solchen Situation nicht verweigert. Die anstehende Politik sei zwar hart und schmerzhaft. Aber wir lebten halt in rauhen Zeiten. Mit der Ampel wäre alles nur noch schlimmer gekommen. Das Mitregieren bekommt in diesem Kontext fast einen Zug von Selbstaufopferung: natürlich wäre man viel lieber sauber und Opposition geblieben. Aber wenn die eherne Pflicht ruft – ein Schurke, Dogmatiker, Weltrevolutionsträumer, Ideologe ..., der sich seiner Verantwortung nicht stellt!

Die Frage ist ernst. Haben jene Beschäftigten des Öffentlichen Dienstes, die uns gewählt haben, dies tatsächlich in der dringenden Erwartung getan, demnächst von der PDS Einschnitte in ihren Tarifvertrag diktiert zu bekommen? Hat der Ostberliner Rentner oder die Neuköllner Sozialhilfeempfängerin uns gewählt, weil sie die Aussicht so attraktiv fanden, fortan PDS-abgesegnete Mehrausgaben für Wohnung und Wasser zu berappen? Oder der achtzehnjährige Schüler und Erstwähler, hat er der PDS wirklich in der Aussicht seine Stimme gegeben, für einen Besuch im demnächst privatisierten SEZ das doppelte an Eintritt zahlen zu müssen? Was taugt eine Argumentation, die, im angeblichen Interesse des Wählers, einer Partei Verrat an sich selbst und damit letztlich an ebendiesem Wähler abverlangt?

Die PDS steht im öffentlichen Bewußtsein für eine Politik, die sich einem rücksichtslosen Shareholder-Value-Kapitalismus entgegenstellt, nicht für eine, die seine Logik exekutiert. *Noch* steht sie dafür; und selbst das nicht mehr ungebrochen. Wer in Mecklenburg-Vorpommern oder auch in Sachsen-Anhalt unterwegs ist und öffentliche Veranstaltungen wahrnimmt, erlebt das Maß an Enttäuschung, das hier bereits eingetreten ist. Die relativ guten kommunalen Wahlergebnisse, die die PDS im letzten Jahr erreichen konnte, sollten darüber nicht hinwegtäuschen. Denn diese Wahlergebnisse kamen auf Basis einer extrem niedrigen Wahlbeteiligung zustande. Natürlich, solange die Leute von anderen Parteien immer noch weniger halten als von uns und allenfalls der Wahl ganz fern bleiben, solange müssen wir um unsere Mandate nicht fürchten. Aber kann die Existenzberechtigung einer linken Partei sich darin erschöpfen, das kleinste aller zur Auswahl stehenden Übel zu sein?

Eine realistische Analyse, was drei Jahre Mitregieren in Schwerin tatsächlich gebracht haben – gerade im Sinne der Wähler! –, steht seitens der verantwortlichen PDS-Genossen bis heute aus. Fakt ist, daß sich die soziale Situation für viele im Land während dieser Zeit eher verschlechtert als verbessert hat. Und Fakt ist, daß die PDS nicht nur einmal in die Lage gedrängt wurde, Unverantwortbares mitverantworten zu müssen. Sei es der Abbau von ABM-Stellen, sei es die Zustimmung zur Steuerreform, seien es Kürzungen im Bildungsbereich, Drangsalierungen von Sozialhilfeempfängern oder eine Abschiebepolitik, die kaum weniger rüde ist als die anderer Bundesländer. Mit Blick auf Berlin allerdings dürfte das alles nicht mehr sein als ein Vorspiel. Der Anspruch neuer Prioritäten und einer Politik sozialer Gerechtigkeit, mit dem die PDS in Schwerin wenigstens noch angetreten war, wird in der Hauptstadt gar nicht erst erhoben. Niemand behauptet hier, daß die PDS in der Lage wäre, gemeinsam mit der SPD eine akzeptable Politik zu machen. Die Rechtfertigung reduziert sich ganz darauf, daß es ohne die PDS jedenfalls noch schlimmer käme.

Die Frage ist, ob das stimmt. Nehmen wir den Text der Koalitionsvereinbarungen, so ähneln die bisher angekündigten Maßnahmen auffällig denen, über die die Ampel nachdachte. Eine Konzessionsabgabe auf Trinkwasser anstelle einer wenigstens nur in Gaststätten fälligen Getränkesteuer ist schwer als sozialer Fortschritt zu identifizieren. Wesentlich mehr als der rot-rote Senat offenbar vorhat, hätte auch die Ampel nicht privatisieren können. Die 2,1 Milliarden Einsparungen im öffentlichen Dienst entsprechen exakt dem, was die SPD von Beginn an wollte. Daß über die Einschnitte jetzt mit den Gewerkschaften *verhandelt* werden soll, läßt sich kaum als Leistung der PDS verkaufen. Auch die Ampel hätte geltende Tarifverträge nicht ohne Verhandlungen aufkündigen können. Und das Damoklesschwert weiteren Stellenabbaus hängt so oder so als Drohkulisse über den Gesprächen. Tatsächlich wird die PDS 220 Lehrer mehr beschäftigen, als die SPD beabsichtigte. Für jeden einzelnen der Betroffenen ist das eine existentielle Frage. Die noch viel existentiellere Frage aber ist: Hätte die Ampel das, was sie vorhatte, überhaupt durchsetzen können? Und umgekehrt: Wo wird der rot-rote Senat enden, pflegt doch die Koalitionsvereinbarung nur das erste und keineswegs das letzte Wort zu sein? Beide Fragen hängen aufs engste mit der Existenz und Stärke außerparlamentarischer Protestbewegungen zusammen. Eine opponierende PDS böte demonstrierenden Gewerkschaftern nicht nur eine parlamentarische Stütze; als fast Fünfzig-Prozent-Partei im Osten wäre sie zugleich in der Lage, den Druck durch Aktivierung ihrer Klientel erheblich zu forcieren. Eine mitregierende PDS dagegen steht selbst auf der Gegenseite. Sie wird – zumindest als Gesamtpartei – nichts tun, um den Widerstand zu stärken, statt dessen vielmehr um Verständnis für die „Unausweichlichkeit" der Sparzwänge werben. Und das genau ist das Gefährliche und Fatale: Wenn selbst eine linke Partei Interessenpolitik als Sachzwang verkauft, wird Protest nicht ermutigt, sondern lahmgelegt. Bei den einen wird der Vertrauensvorschuß der PDS dazu führen, sich mit den geplanten Grausamkeiten als alternativlos abzufinden. Andere werden sich enttäuscht abwenden. Aber auch aus Enttäuschung wächst eher Resignation als Auflehnung.

Es ist der gleiche Mechanismus, mittels dessen bereits Schröder Rahmenbedingungen für rücksichtslose Profitmaximierung in einem Grade schaffen konnte, zu dem Kohl nicht in der Lage war. Blüms Renten- und Waigels Steuerpläne waren beileibe harmloser als die Projekte Riesters und Eichels. Aber während erstere nicht zuletzt am Widerstand der Gewerkschaften zerbrachen, gelang es letzteren, deren Spitzen einzubinden. Eine ähnliche Rolle spielten und spielen „Linksregierungen" in anderen europäischen Ländern. Die italienische Linkskoalition hat den Staatshaushalt mit Brachialgewalt und unter Inkaufnahme harter sozialer Einschnitte maastrichtkompatibel gemacht. Nach Erledigung dieser Aufgabe wurde sie von den verärgerten Wählern zum Teufel gejagt. Auch die Privatisierungs- und Deregulierungsbilanz der Jospin-Regierung fällt deutlich höher aus als die ihrer konservativen Vorgänger. Eine erste Quittung haben die französischen Kommunisten bei der letzten Kommunalwahl erhalten.

Das Argument vom „kleineren Übel" hinkt also gleich dreifach: Zum einen kann eine linke Partei aus der Opposition heraus oft wesentlich mehr bewegen denn als Teilhaber an der vermeintlichen Macht; einfach, weil außerparlamentarischer Druck in der Regel wirkungsvoller ist als ministerielle Kungelrunden. Das heißt, das scheinbare „kleinere Übel" ist oft gar nicht kleiner. Zweitens verspielt eine linke Partei mit unsozialer Politik über kurz oder lang das Vertrauen der Leute und damit die Basis ihres Einflusses. Das „kleinere Übel" bahnt, wie in Italien, oft genug dem größtmöglichen den Weg. Und drittens ist die Logik des „kleineren Übels" eine gefährliche, weil sie halt- und schrankenlos ist: Es gibt im Grunde keinen Mißstand, der nicht immer noch zu vergrößern wäre, und es gibt keine Politik, die nicht auf eine noch schlechtere als Alternative verweisen könnte; jede Untat ist steigerbar, und jede kann damit für sich in Anspruch nehmen, das kleinere Übel zu sein. Eine Partei, die sich vorbehaltlos von dieser Logik leiten läßt, wird irgendwann zu allem bereit sein. Brutale soziale Einschnitte ruinieren Lebensperspektiven und Hoffnungen, zerstören Familien, rauben Kindern die Kindheit, lassen Menschen an der Auswegslosigkeit ihrer Lage zerbrechen, treiben sie in Verzweiflung und Alkohol. Das sind die Dimensionen, um die es geht, die praktischen Folgen von Entscheidungen, die, bei Rotwein und Keksen ausgehandelt, dann von jenen als „schmerzhafte, aber nötige Einschnitte" verkauft werden, die sich sicher sein können, persönlich von diesen Schmerzen nie etwas zu spüren zu bekommen.

Auch die beschworene Unvermeidlichkeit ist Nonsens. Sparpolitik ist kein „Sachzwang"; die öffentliche Armut ist hausgemacht. Wieso leistet sich ein Staat, dessen Kassen gähnend leer sind, eine Steuerreform, die ihn 40 Milliarden Euro pro Jahr kosten wird? Der Berliner Koalitionspartner der PDS regiert im Bund. Wie wäre es mit einer Initiative, die Senkung des Spitzensteuersatzes oder der Körperschaftssteuer auszusetzen und die dadurch zusätzlich verfügbaren Mittel der Hauptstadt zukommen zu lassen? Auch die Wiedereinführung der Vermögenssteuer wäre in diesem Kontext alles andere als unvernünftig. Wieso hält es inzwischen selbst die PDS für normal, Menschen, die nun wirklich kein Deut Schuld an der Berliner Misere trifft, für die Haushaltsanierung bluten zu lassen? Wieso steht angeblich jede Ausgabe auf dem Prüfstand, die Zinszahlungen an die Banken dagegen sind tabu? Wieso ist für Flughafenausbau und Stadtautobahn Geld vorhanden, nicht aber für kommunale Kindergärten? Wieso ist die Schließung eines Klinikums weniger antizivilisatorisch als der Abschied von einem Opernhaus? Wieso werden die privaten Haushalte mit zusätzlichen Abgaben belastet, nicht aber die in Berlin immerhin auch ansässigen Großunternehmen? Was bringt der Verkauf der Bankgesellschaft, wenn das Land eh für alle Altlasten geradesteht?

Es gäbe genügend Forderungen, die, wenn sie eine parlamentarische und außerparlamentarische Opposition mit hinreichendem Druck untersetzt, durchaus nicht bar jeder Realisierungschance wären. Sich in dieser Richtung zu engagieren, würde der Verantwortung der PDS als linker Partei weit eher entsprechen, als sich für die „Drecksarbeit" anderer einspannen und am Ende dafür wohl auch noch vorführen zu lassen. Aus dem zufriedendistanzierten Blickwinkel eines Beobachters, der zwei Gegner, die er beide nicht mag, aufeinander einschlagen sieht, bemerkte die Financial Times kürzlich: „Gregor Gysi ist der eigene Ehrgeiz näher als der Wille der Wähler. Deren Wut wird die PDS zu spüren bekommen." (FTD 18.12.01) Wer das verantworten will, muß wissen, was er tut.

14. Januar 2002

Sozialismus statt Barbarei

„Freiheit statt Sozialismus!" lautete der Triumphschrei der Sieger des Kalten Krieges, der vom Ende der Geschichte künden sollte, wie das warme Sonnenlicht am Ausgang einer finstren Höhlenschlucht Erlösung aus Beschwernis und Entbehrung, den Duft von blühenden Wiesen und Milch und Honig verheißt, lange ersehnt und endlich erreicht. „Freiheit statt Sozialismus!" wurde in schönen vielsprachigen Lettern auf ungezählte bunte Plakate gedruckt und mit Heilsbringer-Geste in die eroberten Landstriche Osteuropas getragen, als Insignie der neuen Macht und als ihr Zukunftsprogramm. „Nie wieder Gängelei!", „Nie wieder Kollektivismus!", „Nie wieder Staatswirtschaft!" hießen die Variationen.

Die Plakate sind lange verwittert, die Losungen klingen nicht mehr. Keine Partei könnte heute noch mit ihnen Wahlen gewinnen. Allzu leidvoll und erniedrigend waren die Folgen, die sich hinter dem Programm verbargen, allzu offenkundig wurde seither, was wirklich gemeint war: In den Augen der Global Player, der wieder uneingeschränkten Regenten dieses Planeten, ist letztlich jede Schutzklausel gegen Kündigung und Überarbeitung „Gängelei", jede solidarische Sicherung für Krankheit und Alter „Kollektivismus" und jede gesetzliche Einschränkung rücksichtsloser Profitgier „Staatswirtschaft". Jeder Euro, den ein Arbeitsloser erhält und der ihn davor bewahrt, seine Arbeitskraft noch zu dem kläglichsten Hundelohn verkaufen müssen, verkörpert für sie ein Element von „Sozialismus", das es auszurotten gilt. Und sie rotten es aus, wenn ihnen niemand in den Arm fällt.

Milch und Honig flossen nach 1989 wohl: in Osteuropa für die kleine halbmafiose Kaste der Privatisierungsgewinnler, die zugleich einen wesentlichen Teil der Ausverkaufserlöse für sich abzweigen konnte, und im Westen üppiger denn je für die, die schon vorher ganz oben an der Quelle saßen. Für sie begann ein beispielloser Geldrausch von über einer Dekade Dauer: Beträge, die menschliches Vorstellungsvermögen übersteigen, wurden bewegt und verdient, Millionen, Milliarden, Abermilliarden ..., immer höhere Summen in immer kürzerer Zeit, der Zugewinn von heute bot den Maßstab, den es morgen wieder zu toppen galt. Der Geldkrug kreiste schneller und schneller, die Stimmung wurde hitziger, die Party wilder und hemmungsloser, der freudige Taumel zum Exzeß – und hungrig vom großen Fressen merkten sie nicht, wie sie wieder einmal just jene Goldesel, einen nach dem anderen, schlachteten und verzehrten, denen allein sie ihre Dukaten zu danken hatten.

Auch die westliche Welt hat heute ihr Gesicht verändert. Verschwunden ist das aufgesetzte Lächeln der Spaßgesellschaft, das ohnehin nur für sehr wenige Sein, für die meisten dagegen immer Schein war, ein Statussymbol, das den Erfolgreichen vom Versager trennte; – und wer wollte nicht zu den Erfolgreichen zählen? Verschwunden sind die Stars und Sternchen der Neuen Märkte, diese smarten Revivals der alten Tellerwäscher-Millionärs-Legende, deren Karieren vielfach so abrupt ins Nichts zurückstürzten, wie sie ihm einst entstiegen waren. Vorbei ist der Traum vom schnellen Reichtum, mit dem die Aktienbörse jedermann zu überschütten versprach. Die Reichen, Schönen und Mächtigen sind – ungleich reicher und mächtiger als vor zehn Jahren – wieder unter sich. Viele Kleinsparer dagegen haben ihre Polster verloren, Millionen amerikanische und britische Haushalte bangen um ihre Altersbezüge. Firmen gehen bankrott, Menschen werden entlassen, immer häufiger, immer chancenloser. Die Erfolgsstory rüder Privatisierungspolitik verendete mit Enron und Worldcom in Jahrhundertpleiten, und der Blick in die Zukunft birgt für viele nicht Hoffnung, sondern nackte Angst. Die Weltwirtschaft steht vor ihrer tiefsten Krise seit Ende des Zweiten Weltkriegs, der Rauch brennender Ruinen und Bombenkrater wirft drohender denn je seine dunklen Schatten, und die Regierungen vollstrecken eine weitere Runde neoliberaler Brutalisierung, um die Kapitalrenditen zu retten. Damit die Party, wenigstens ganz oben, weitergehen kann.

Enduring Freedom

Der Fehler lag nicht darin, daß die Menschen 1990 von zwei möglichen Alternativen die falsche gewählt haben. Die Alternative, die ihnen vorgegaukelt wurde, gab es nie. Sie haben ihre sozialen Sicherheiten verloren und sind einem Leben in Freiheit um keinen Schritt näher gekommen. Denn wer Angst hat, handelt nicht frei, sondern unter Druck und gezwungen. Wer um seinen Arbeitsplatz fürchtet, der wehrt sich nicht, wenn die abverlangte Arbeitszeit weit jenseits des Zulässigen liegt, wenn nach Willkür gezahlt wird statt nach Tarif. Wer arm ist, dem sind Hände und Füße gebunden. Recht wird käuflich, wenn nur teure Anwälte die Tür zu ihm öffnen. Wem elementare Bildung vorenthalten wird, der kann sich kein mündiges Urteil bilden. Denn wer nicht weiß, was die „Lohnquote" mißt oder welcher Anteil sich hinter „vierzig Prozent" verbirgt, wie soll der sich im Gewirr der Lügen, Halblügen und Halbwahrheiten zurechtfinden, das ihm jede Talkshow, jede bunte Zeitung, jede Nachrichtensendung kredenzt? Er spürt mit richtigem Instinkt, daß im Kampf der Lobbyisten jedenfalls für seine Interessen keiner streitet – und schaltet ab. Er fühlt sich verraten von Parteien, die heute um seine Stimme buhlen, um ihm morgen ins Gesicht zu schlagen, geht nicht mehr zur Wahl und hört damit auf, auch nur im vierjährlichen Machtpoker der Politik ein Faktor zu sein. Er fühlt sich wehrlos und im schlimmsten Fall wird er zum Fang rechtspopulistischer Demagogen, die effektvoll heucheln, seine Ängste und Nöte zu verstehen.

Und sie segeln mit Rückenwind. Unter dem Vorwand des Antiterrorkampfes wird der Apparat staatlicher Repression hochgerüstet, elementarste, im besten Sinn des Wortes bürgerliche Freiheitsrechte sind nicht mehr gewahrt. Die gesetzlichen Hemmschwellen ausspionierter Privatheit fallen: Selbst in Ländern, die sich „Rechtsstaaten" nennen, werden Telefone abgehört, Briefe und Emails mitgelesen, Wohnungen und öffentliche Räume per Wanze oder Video überwacht. Prozeßrechte werden beschnitten, Demonstrationen und selbst der Aufenthalt an bestimmten Orten verboten. Im Rahmen des „Terrorism Informations and Preventions System" werden zwischen New York und San Francisco Postboten, Möbeltransporteure, Taxifahrer und Pizzaauslieferer als „Auge und Ohr" der Regierung rekrutiert. Über

2000 Immigranten hat der Patriots Act von US-Justizminister Ashcroft hinter Gitter gebracht. Das Vergehen der meisten von ihnen bestand allein darin, daß ihre Vorfahren aus den falschen Ländern kamen. Polizei und Geheimdienste kooperieren aufs engste, ob erlaubt oder nicht. Auf Guatanamo werden selbst Kinder in Käfige gesperrt und gequält. Es wird gefoltert.
Alles das ist keine plötzliche Verirrung, keine Überreaktion aus Angst vor terroristischer Bedrohung. Ungeniert wappnet sich die ökonomische Diktatur der Kapitalmächtigen seit je überall dort mit dem Schutzschild der politischen, wo es zweckdienlich erscheint und zu wenige widerstehen. Der deutsche, italienische und spanische Faschismus sind die extremsten Beispiele dessen, nicht die einzigen. Auch als Stütze, Profiteure und Förderer der griechischen Diktatur nach 1945 oder der Militärherrschaft in Argentinien hatten amerikanische und europäische Konzerne ihre Finger im Spiel. Putsche, Morde, Blut, Erpressung, Waffen und Drogen sind das Lebenselixier der US-Auslandsgeheimdienste, wo immer sie ihre giftigen Netze spannen. Aus Verbündeten von gestern werden die Feinde von heute und morgen vielleicht wieder Verbündete. Je nach Interessenlage, je nach deren Hörigkeit. Wer Terrorist ist und wer Demokrat, mißt sich auf dieser Welt nicht an der Zahl der Bomben, die ein Staatsmann oder Aufrührer im Depot, und es mißt sich auch nicht an der Zahl der Leichen, die er bereits im Keller hat. Es mißt sich daran, ob er den Global Playern der internationalen Finanzwelt, den Öl- und Rüstungsriesen, den Giganten des Agrobusiness nützt oder im Wege steht.
Über Jahre wurden die Taliban in Afghanistan mit Geld und Waffen versorgt. Als sie zu stören begannen, interessierte plötzlich die barbarische Knechtung der afghanischen Frauen oder auch Bin Ladens Al-Quaida, die vorher selbst auf der CIA-Bezahlliste stand. Um den Iran zu schwächen und eine fortschrittliche Entwicklung im Irak zu verhindern, war Saddam Hussein in den siebziger Jahren Kumpan. Das Know-How für das Giftgas, das irakische Kurden verstümmelte, haben ihm westliche Firmen geliefert. Die Freundschaft endete nicht wegen der Massengrä-

ber, die Sadams Regime füllte, sondern wegen dessen Weigerung, Shell, BP oder Chevron-Texaco die irakischen Ölquellen zu öffnen. Als die Kommunistische Partei Indonesiens in den Sechzigern – als drittgrößte KP der Welt und Stütze Sukarnos – kurz vor der legalen Machtübernahme stand, übergab die US-Regierung dem indonesischen Militär dezent eine Liste mit Namen und zahlte den Todesschwadronen ein Kopfgeld für jeden Mord. Eine Million Menschen – vor allem Kommunisten, Linke, Gewerkschafter – fielen den nachfolgenden Pogromen zum Opfer; die Führung der KP wurde ausgelöscht. „Wir empfinden Sympathie für das, was Sie tun", gab Kissinger dem chilenischen Diktator Pinochet mit auf den blutigen Weg, eine Ermunterung, die Fidel Castro, in dessen Land die Kindersterblichkeit niedriger liegt als in jedem anderen Lateinamerikas und in dem keine Todesschwadronen das Volk terrorisieren, zweifellos nie zu hören bekäme. Der venezolanische Präsident Hugo Chávez, der eine Politik des sozialen Ausgleichs und der Demokratisierung betreibt, die für ganz Lateinamerika Vorbild sein könnte, wurde bereits einmal von Statisten des Weißen Hauses von der Macht weggeputscht. Nach seiner Rückkehr und nachdem auch andere bewährte Geheimdienstmethoden versagen, dank des enormen Rückhalts beim Volk, den Chávez genießt, wird unter dem Vorwand des Antiterror-Kampfes in Kolumbien eine Invasion von US-Truppen vorbereitet. In Terror-Fragen schließlich kennt man sich aus: Insgesamt 63 000 südamerikanische Militärs, Polizisten und Guerilleros wurden an Washingtons hauseigener Terrorschule „School of Americas" seit 1946 unterrichtet; einige hundert von ihnen haben ihre Heimat später als Putschisten und Massenmörder geschunden. Französische Söldner in Nord- und Zentralafrika oder britische Militärs im asiatisch-pazifischen Raum haben kaum weniger Dreck am Stecken.

Politischer Außendienst

Und Demokratie? Kaum jemals waren Staaten so weit wie die heutigen entfernt von dem Anspruch, auch nur ein Minimum an Interessenausgleich und klassenübergreifender Balance zu gewährleisten. Von realem Einfluß und Entscheidungsrechten des Demos zu schweigen. Wahlergebnisse werden käuflich, wenn der einzige Weg nach oben mit Millionen von Banknoten gepflastert ist. Denn Geld hat, von wem die Wirtschaftslobby sich das beste Geschäft verspricht, und Publicity und Beistand erhält, wen die großen Medienkonzerne stützen.

Insgesamt 33,3 Millionen Dollar überwies die Ölindustrie im letzten US-Präsidentschaftsringen an ihre Mitarbeiter im politischen Außendienst, achtzig Prozent gingen diesmal auf das Konto der Republikaner. Acht republikanische Senatoren – darunter der Vorsitzende des Energieausschusses – erhielten ihre höchsten Einzelspenden von den Energiekonzernen. Ganz oben auf der Geberliste standen Enron, Exxon, BP sowie die damals noch nicht fusionierten Chevron und Texaco. Auch Rüstungskonzerne wie Northop Grumman, Boeing oder Lockheed Martin waren mit von der Spenden-Partie, ebenso große Pharmahersteller, die von den Demokraten eine stärkere Regulierung des Arzneimittelmarktes befürchteten.

Unternehmen dieser Größe investieren selten umsonst. Es gehört zur gallebitteren Ironie der Geschichte, daß just der US-Präsident, der sich militant wie kein anderer zum Kämpfer für enduring freedom und democracy stilisiert, zum Rächer der Menschenrechte gegen die Diktatoren dieser Welt, seine eigene Amtsübernahme allein einem kriminellen Komplott aus Wahlmanipulation, Fälschung und Betrug verdankt. George W. Bush ist nachweislich nicht der *gewählte* Präsident der Vereinigten Staaten, sondern ein von den Öl- und Rüstungsbaronen ins Weiße Haus geputschter Lakai, der die ganze Fülle an Macht, die dieses Amt ihm bietet, skrupellos in deren Dienste stellt – und niemand im selbsternannten Musterland der Demokratie und der Freiheit hindert ihn daran.

Doch ob legal oder illegal, ist der richtige Mann erst im Amt, weiß man in jedem Fall dafür zu sorgen, daß er keinen Schritt allein oder gar im Sinne der Mehrheit seiner Wähler tut. Jene Herren mit den feinen Anzügen sitzen in Parlamentsausschüssen und Strategierunden, sie reisen mit im Präsidentenjet und begleiten Minister bei Verhandlungen und Gesprächen. Sie geben und besuchen glanzvolle Empfänge, auf denen diskret nicht nur die Güte der Cocktails erwogen wird. Gern verschönern sie auch das Leben von Abgeordneten und Senatoren durch generöse Honorare oder kümmern sich um Aufsichtsratsmandate. Nicht selten schicken sie ihre eigenen Leute direkt ins politische Geschäft.

Es waren Gesandte des Roundtable of Industrialists, einer der einflußreichsten europäischen Interessenlobbys, zu der 45 Vorstandsvorsitzende von europäischen Multis gehören, die den Verträgen von Maastricht und Amsterdam das politisch-inhaltliche Gepräge gaben. Im Rahmen der Neuverhandlung des GATS-Abkommens über die Öffnung der internationalen Dienstleistungsmärkte formulierte die EU ihre Forderungen in engster Abstimmung mit dem European Services Forum, einer 1999 gegründeten Organisation der europäischen privaten Dienstleistungswirtschaft. Gebeten, die deutsche Position zum Thema beizusteuern, reichte das Bundeswirtschaftsministerium die Vertragsentwürfe auf dem schnellen Dienstweg an ausgewählte Wirtschaftsverbände weiter; die speziellen Wünsche deutscher Dienstleistungskonzerne wurden dann als Meinung der Bundesrepublik an die EU zurückgemeldet. Mit der Ausarbeitung jener Reform der Unternehmenssteuern, die SPD und Grüne im Sommer 2000 beschlossen und die in den Folgejahren sämtliche Einnahmen aus der Körperschaftssteuer zum Versiegen brachte, war als Staatssekretär Hans Eichels ein Mann namens Herbert Zitzelsberger betraut; als früherer Finanzchef des Chemiemultis Bayer kannte Zitzelsberger die Bedürfnisse international tätiger Konzerne – Hauptnutznießer seines Meisterwerks – eben sehr genau.

Dem Team, das die Amtszeit von Bush Junior vorbereitete, gehörten mehr als 20 Manager und Gesellschafter von Öl- und Gasunternehmen an. Der damalige Enron-Chef Kenneth Lay, der im zentralasiatischen Raum mehrere Geschäftsprojekte betrieb, schrieb an Cheneys „Neuem Energiekonzept" mit, dessen zentrale Botschaften die Deregulierung der Ölbranche und eine gesteigerte Aufmerksamkeit für die Öl- und Gasreserven des Kaspischen Raumes waren. Bushs Sicherheitsberaterin Condolezza Rice saß 10 Jahre im Aufsichtsrat des Chevron-Konzerns. Sowohl Bush als auch Cheney verdienten sich ihre Sporen im Geschäft des texanischen Ölclans. Cheney war außerdem von 1995 bis 2000 Vorstandschef von Halliburton, einem der weltgrößten Materialzulieferer der Ölindustrie. Als er den Konzern im Jahr 2000 verließ, um für die Vizepräsidentschaft zu kandidieren, wurde ihm der Abschied mit 30 Millionen Dollar Abfindung versüßt. So etwas verbindet.

Selten war die Verflechtung zwischen wirtschaftlicher und politischer Macht so eng wie heute, selten agierten Regierungen so unverblümt als politischer Arm der führenden Wirtschaftsunternehmen ihrer Länder. Präsidentenpaläste und Ministerien sind zu Zweigstellen der Einkaufs- und Vertriebsabteilung der Global Player geworden, zu devoten Subunternehmern, emsig bemüht, die Kosten ihrer Auftraggeber zu senken, ihre Investments zu schützen und ihren Umsatz zu mehren. Was sie vom einfachen Vertriebschef unterscheidet, sind nicht die Ziele, sondern die Instrumente, die ihnen zur Verfügung stehen, und die vom Diktieren internationaler Verträge über die Steuerung globaler Institutionen bis zur Androhung und zum Einsatz von Kriegsschiffen, Streubomben und Armeen reichen.

Die barbarischen Sparprogramme, die jeder IWF-Kredit im Gepäck trägt und die verläßlich im betroffenen Land Elend und Arbeitslosigkeit nach oben treiben, die Erpressung von Marktöffnung und Privatisierung durch WTO und Weltbank, die denselben Effekt noch verstärken, all das rührt nicht aus ideologischer Borniertheit, sondern aus wohlverstandenem Geschäftsinteresse. Unter der Fahne des Liberalismus zerstören Europäische Union und Vereinigte Staaten die Landwirtschaft afrikanischer und lateinamerikanischer Länder durch subventionierte Agrarexporte und schützen zugleich ihre eigenen Märkte durch hohe Zölle und Handelsbarrieren. Sie pressen schwächeren Ländern Freihandelsabkommen auf, die ihr heimisches Gewerbe ruinieren, und sie setzen sie unter Druck, lebenswichtige Bereiche ihrer Volkswirtschaften zum Vorteil ausländischer Multis zu verschleudern.

Meinungsverschiedenheiten zwischen den Industriemächten betreffen in der Regel nicht die Methoden, sondern rühren aus unterschiedlichen Interessen ihrer Mandanten. Das Freihandelsabkommen ALCA, das Washington lateinamerikanischen Staaten aufzuzwingen sucht, lehnt die EU nicht aus Sorge vor den schlimmen Folgewirkungen ab, die die Einbeziehung Mexikos in die nordamerikanische Freihandelszone bereits unter Beweis gestellt hat. Ablehnungsgrund ist allein, daß die europäische Konzerne die Schnäppchen des lateinamerikanischen Marktes gern unter die eigenen Fittiche zu nehmen wünschen, statt sie ihren amerikanischen Konkurrenten zu überlassen. Wo immer eine westliche Regierung sich für Schuldenerlaß stark macht – wie Bush im Falle des Nachkriegs-Irak –, kann fest darauf geschlossen werden, daß deren heimische Finanzhäuser jedenfalls nicht zu den wichtigeren Kreditgebern zählen. Chirac setzt die Wasserversorgung des afrikanischen Kontinents nicht aus humanitärer Verantwortung auf die Tagesordnung internationaler Treffen, sondern um Regelungen zu erwirken, die den französischen Wasserkonzernen Suez und Vivendi die besten Einstiegsbedingungen bieten. Selbst Entwicklungshilfegelder dienen oft genug nichts Erhabenerem als der Subventionierung heimischer Konzerne, deren öffentlich bezahlte Auslandsinvestments den betroffenen Regionen helfen können, aber bei weitem nicht müssen.

Explosives Marketing

Und wo der Diplomat scheitert, folgt – immer häufiger, immer unverfrorener – der General. Wenn Verhandlungen Märkte nicht öffnen, tun es Bomben, und die Verheerungen, die sie anrichten, schaffen gleich noch neue dazu. Haben die Düsenjäger ihre Arbeit getan, landen dann wieder die noblen und stilleren Jets der Geschäftsleute.

Bereits 1997 verhandelte der amerikanische Konzern Unocal mit den Taliban über den Bau einer Pipeline aus Turkmenistan durch Afghanistan an die pakistanische Küste. Der fortdauernde Bürgerkrieg, in dem die Taliban zum Siegen zu schwach und zum Untergang zu stark waren, zögerte die Realisierung hinaus. Bush war kein Jahr im Amt, da begannen amerikanische Hochpräzisionswaffen afghanische Frauen und Kinder zu zerreißen. Mindestens 5000 Zivilisten kostete der Feldzug das Leben, der die Taliban in Kabul stürzte und Unocal in die komfortable Position brachte, fortan mit sich selbst zu verhandeln: Sowohl der von Washington eingesetzte Interims-Präsident Karzai als auch der US-Afghanistan-Sonderbeauftragte Khalizad waren ehemalige Berater des Konzerns. Khalizad kannte sich besonders gut aus, denn er war am 97er Deal auf Unocal-Seite direkt beteiligt.
Als Brückenkopf zu den Gasreserven Zentralasiens und des Kaspischen Meeres ist Afghanistan auch für die deutschen Konzerne Eon und RWE, die im globalen Energiegeschäft gewichtiger mitmischen möchten, von strategischer Brisanz. Deshalb, nicht aus Bündnispflicht, wurden Bush die deutschen Hilfstruppen am Hindukusch aufgedrängt. Nebenbei gelang es über diesen Weg, einen Mann zum afghanischen Minister für Wiederaufbau zu machen, der zuvor lange in Bochum gelebt hatte und gute Beziehungen zur deutschen Wirtschaft unterhielt. Dies sollte den deutschen Zugriff auf afghanische Wiederaufbau-Aufträge erleichtern. Der große Reibach blieb allerdings vorerst aus, denn zum einen ist der Krieg jenseits Kabuler Grenzen bis heute nicht beendet, und zum anderen ist das geschundene, ausgeblutete Land so bettelarm, daß die Bezahlung der Aufträge überwiegend von den Besatzern selbst übernommen werden müßte. Anders im Irak, in dem bereits die Öleinnahmen der nächsten Jahre für milliardenschwere Reparatur- und Wiederaufbauprogramme verpfändet sind. Über die Vergabe der lukrativen Verträge kann das Terrorkommando Bush & Co. als Kriegsführer und Besatzungsmacht hier nahezu allein entscheiden, und die bisherigen Zuschläge überraschen nicht. Der erste Großauftrag

zur Löschung und Instandsetzung der irakischen Ölquellen mit einem geschätzten Volumen bis zu 7 Milliarden Dollar ging ohne Ausschreibung direkt an Cheneys alten Förderer Halliburton. Die von der US-Regierung finanzierte Hilfsorganisation USAID schrieb ihre auf zunächst 2 Milliarden Dollar angesetzten Irak-Projekte zwar aus; bewerben durften sich aber ausschließlich amerikanische Unternehmen. Unter ihnen die Firma Stevedoring Services of America (SSA), die im Präsidentschaftswahlkampf ebenfalls durch großzügige Spenden an die Republikaner aufgefallen war und sich nun den Vertrag über den Betrieb des Hafens Umm Kasr sicherte; sehr zum Ärger übrigens des britischen Konzerns P&O, der als einer der größten Betreiber von Container-Häfen das leicht verdiente Geld gern auf seinem Konto verbucht hätte und sich über Blairs mangelnde Durchsetzungskraft bei der Verteilung der Kriegsbeute öffentlich beschwerte. Den bisher größten Auftrag der USAID über den Wiederaufbau der kriegszerstörten Strom- und Wasserleitungen sowie der Straßen und Brücken des Landes erhielt der US-Baukonzern Bechtel. Mit zunächst 600 Millionen Dollar zahlen sich die Verheerungen, die amerikanische Bomben im Irak angerichtet haben, für seine Aktionäre aus. Der langfristige Wiederaufbau dürfte Bechtel um viele Millarden reicher machen.
Aber die Trümmermilliarden sind nur ein wichtiger Nebeneffekt, sie waren nicht das Hauptziel des Krieges. Für dieses steht der nach langen grausamen Bombennächten symbolträchtig heil aus den Ruinen Bagdads ragende dunkle Koloß des irakischen Ölministeriums, von den einmarschierenden Truppen sofort umstellt und streng bewacht. Eine der ersten Amtshandlungen des von den USA installierten Ölminister Ghadbhan bestand darin, die bereits bestehenden Verträge mit französischen und russischen Unternehmen zur Ausbeutung der irakischen Ölfelder einzufrieren. Die Anweisung dazu kam von dem als „Berater" in Bagdad eingesetzten ehemaligen Shell-Manager Philip J. Carroll. Bushs Plan besteht darin, die staatliche irakische Erdölgesellschaft zu zerschlagen und Ölförderung wie Produktion zu privatisieren. Auf die Profiteure läßt sich leicht schließen, wenn

man weiß, daß für den Chefposten der zu privatisierenden Ölgesellschaft selbiger Philip J. Carroll vorgesehen ist und der Vizeposten mit einem Vorstand des BP-Konzerns besetzt werden soll. Wird dieser Plan umgesetzt, werden dem irakischen Volk nach jahrelangem Leiden unter Sanktionen und Krieg seine Ölschätze endgültig wieder geraubt. Es wird hinter das Jahr 1972 zurückgeworfen, in dem es die britische Iraq Petroleum Co. einst vor die Tür gesetzt und die Ausplünderung des Landes durch Verstaatlichung der Ölfelder und Förderanlagen beendet hatte.

Aber auch die Friedensliebe Schröders und Chiracs war keine Frage der Moral. Französische und deutsche Konzerne hatten kein Interesse an einem Krieg, der ihre Investments zerbombte und ihre Verträge entwertete. Also protestierten die Regierungen gegen die Aggression, solange ihre Verhinderung möglich schien, – und wünschten dem Angreifer einen schnellen Sieg, sobald der erste amerikanische Soldat irakischen Boden betreten hatte. Zu lukrativ waren die Brösel vom irakischen Milliardenkuchen, die jetzt nur noch durch Botmäßigkeit zu haben waren, – zu lukrativ war vor allem die Washington abgehandelte freie Hand in Zentralafrika, wo unter EU-Flagge jetzt der nächste Raubzug um Kobalt, Coltan, Gold, Diamanten und Öl beginnt. Daher kein Versuch einer Verurteilung des Völkerrechtsbruchs durch die UNO, daher keine Anklage gegen den Kriegsverbrecher in Den Haag.

Die Außenpolitik der Industriemächte ist in den letzten einhundert Jahren nicht menschlicher, sie ist nur verlogener geworden. Früher hieß es unverblümt *Kolonialisierung*, wenn Völker mit Militärgewalt unterworfen, ihre Reichtümer und Ressourcen geraubt, Widerstand brutal unterdrückt und ihre Arbeitsleistung ausgebeutet wurden. Heute sind die Imperien wieder stark und ignorant genug, gleiches zu tun. Aber die tödliche Barbarei heißt heute *Demokratisierung*: erst in Jugoslawien, dann in Afghanistan und im Irak, morgen vielleicht im Iran, in Syrien oder in Venezuela. Sie meinen das Faustrecht der Stärksten, wenn sie von Freiheit reden, die ungebändigte, unkontrollierte Jagd nach dem Höchstprofit, unter Einsatz aller Mittel, koste es, was es wolle, solange nur jene Kosten niedrig bleiben, die sich in ihren Bilanzen niederschlagen. Zerstörtes Leben, verödete Natur, Bombenterror und verkohlte Leichen, Kinderaugen, die vor Angst nicht mehr weinen, geschweige denn je wieder lachen können – kein Preis ist zu hoch, solange er sich rechnet.

Wohlstandsinseln

Aber er rechnet sich eben, rufen die Zyniker und Apologeten, vielleicht heute noch nur für eine Minderheit, aber morgen schon für die Mehrheit und übermorgen für alle. Mag die Liste der Verbrechen lang sein, mögen hehre Ansprüche der Humanität und Gerechtigkeit gegen den Kapitalismus sprechen, ein Argument spreche für ihn, und dies sei das entscheidende: nur er sichere Produktion und Wachstum, Erfindung und Innovation, nur er schaffe damit die Voraussetzungen von Reichtum und Wohlstand, an denen immer mehr Menschen teilhaben können. Ohne höhere Produktion keine Überwindung der Armut, ohne Motivation zur Entwicklung und zum Einsatz neuer, effizienterer Technologien kein Ende der Zerstörung unserer natürlichen Lebensgrundlagen! Mag der Profitmechanismus auch Kälte und Egoismus hervorbringen und die unverhältnismäßige Bereicherung einiger weniger begünstigen, die Entwicklung der letzten zweihundert Jahre belege, daß am Ende alle profitieren!
Alle? Es ist richtig, Produktion und Produktivität haben sich in den zwei Jahrhunderten seit Beginn der kapitalistischen Industrialisierung in einer Weise entwickelt, die historisch keine Parallele kennt. Dampfmaschine, Elektrizität, chemische Industrie, mikroelektronische Revolution, Internet – eine Neuerung jagte die nächste, immer schneller, immer folgenreicher. Der heutige Lebensstandard in den Industrieländern ist mit den Bedingungen, unter denen die übergroße Mehrheit der Menschen hier noch vor fünfzig, geschweige denn vor einhundert Jahren leben mußte, nicht mehr zu vergleichen. Dies gilt nicht nur für die Mittelschichten, sondern auch, vielleicht sogar ganz besonders,

für die Lebensverhältnisse der arbeitenden Klasse und selbst der Arbeitslosen. Das Leben ist leichter geworden, die Lebenserwartung auf fast das Doppelte gestiegen, Hunger als lebensbedrohender Alp ist in der nordwestlichen Hemisphäre ausgemerzt, kaum eine Familie wohnt noch in düsteren Kellerwohnungen ohne Heizung und Bad. Ist das nicht Beleg genug für den Nutzwert der kapitalistischen Ordnung? Spricht all das nicht in machtvollen Worten für ihre Legitimität und Alternativlosigkeit? Wer genauer hinsieht, muß präzisieren: Es waren im globalen Maßstab relativ kleine Landstriche, und es waren zeitlich begrenzte Phasen, in denen der Kapitalismus all die positiven Eigenschaften – Förderung von Erfindungsgeist, Verbreitung von Wohlstand, Vorantreiben des Wachstums – entfaltete, die ihm interessierte Einäugige gern als wesenseigen zuschreiben. Er entfaltet sie, wenn eine Reihe spezifischer Bedingungen zusammentreffen, die historisch eher Ausnahme denn Regel sind. Und er entfaltet sie selbst dann um einen hohen Preis.

Es war gerade die unbeschreibliche Armut und brutale Ausbeutung der Massen, die die einmalige Beschleunigung der Akkumulation und das hohe Wachstumstempo in den Jahren der Industrialisierung ermöglichten, zusätzlich befördert durch den schier endlosen Fluß billiger Rohstoffe und Landwirtschaftsprodukte aus der Plünderung der Kolonien. Auch war es nicht die Vervielfachung des Produktionsausstoßes als solche, sondern es waren die in Legalität wie Illegalität erstarkenden Arbeiterparteien und Gewerkschaften, dank derer die Beschäftigten der Industrieländer gegen Ende des neunzehnten Jahrhunderts am wachsenden Wohlstand – in engen Grenzen – zu partizipieren begannen, was rückwirkend der steigenden Produktion eine – ebenfalls in engen Grenzen – steigende Konsumnachfrage sicherte. Das reichte solange aus, solange der gewaltige Infrastrukturbedarf des industriellen Zeitalters sowie grundlegende technologische Umwälzungen, etwa der Übergang von Dampfkraft zu Elektrizität, dafür sorgten, daß die Akkumulation sich überwiegend selbst nährte, die Erfordernisse des expandierenden Produktionsprozesses also zugleich dessen Absatz sicherstellten.

Bereits damals trat allerdings auch der tiefverwurzelte Mechanismus kapitalistischer Produktion zutage, Gegensätze nicht etwa abzuschwächen, sondern bis zum Exzeß zu verstärken, den Großen und Mächtigen immer größer und machtvoller zu machen, und im Gegenzug die Schwächeren auszulöschen. Im Übergang vom neunzehnten zum zwanzigsten Jahrhundert entstanden erstmals jene Markt und Staat beherrschenden Wirtschaftskonglomerate, die die jedem Kapital eigene Unersättlichkeit mit der Macht verbanden, die Investitionsschwerpunkte ganzer Branchen zu bestimmen, Preise zu diktieren und Regierungen als ihre Marionetten tanzen zu lassen. Und mit ihrer Macht wuchs ihre Fähigkeit, einen wachsenden Strom aus dem wirtschaftlichen Kreislauf zugunsten der schmalen Geldaristokratie abzuzweigen, die ihr luxuriöses Leben aus den Gewinnen der Trusts und Kartelle finanzierte. Diese Dynamik, die wenigen Unsummen zuspielt, während es für viele wieder karger wird, drückte auf die Absatzchancen von Konsumgütern und letztlich auch auf die Rentabilität von Investitionen und pumpte mehr und mehr Geld auf die Finanz- und Aktienmärkte.

Der Marktwert amerikanischer Aktien erhöhte sich zwischen 1924 und 1929 um das Dreifache, während der Sachkapitalstock der Wirtschaften weltweit nur noch langsam wuchs. Eine Steigerung der Rendite, die durch Produktion nicht mehr erzielbar war, wurde so durch Spekulationsgewinne vorgetäuscht – bis die kolossale Finanzblase 1929 platzte und die Menschheit in die bisher grausamste Wirtschaftskrise der kapitalistischen Geschichte hineinriß. Zu ihren Folgen gehörte die massenhaften Vernichtung produktiver Ressourcen, gehörten auch in den Industrieländern wieder Hunger und extreme Not, gehörten Faschismus und Krieg.

Die zweite Phase, in der der Kapitalismus seine Fähigkeit, Produktion und Wachstum zum allgemeinen Nutzen anzutreiben, unter Beweis zu stellen schien, waren die drei Jahrzehnte nach dem Zweiten Weltkrieg. Allerdings galt dies erneut nur für die industrialisierten Metropolen und in diesem Fall für ein Modell, das kein reiner Kapitalismus mehr war. In Frankreich, Österreich, Italien, Großbritannien und anderen europäischen Ländern wurden nach Kriegsende eine Reihe strategisch wichtiger Wirtschaftszweige (Finanzen, Schwerindustrie) verstaatlicht, in der Bundesrepublik die großen Konglomerate zumindest entflochten. Starke gewerkschaftliche, unmittelbar nach 1945 auch deutlich antikapitalistische Gegenbewegungen und die Etablierung alternativer Gesellschaften in Osteuropa führten im Westen zu einem Ausbau sozialstaatlicher Sicherungssysteme und zu einer Lohnpolitik, die ein weitgehend produktivitätskonformes Wachstum der Konsumnachfrage gewährleistete. Der Staat steuerte und regulierte in vielen Bereichen und setzte so den Exzessen des Profittriebs Grenzen. Das Modell funktionierte, weil es trotz steigender Löhne dank der rasanten Produktivitätsfortschritte wachsende Profite sicherte.

Aber parallel zu den Profiten wuchs erneut auch die Macht derer, in deren Zugriff sie sich akkumulierten. Mit dem Verblassen der Erinnerung an den Schock der Dreißiger, dem Verschwinden starker antikapitalistischer Kräfte aus der politischen Szenerie und einer kaum noch gegebenen Anziehungskraft des östlichen Alternativmodells wurden die Ansprüche der Kapitaleigner wieder aggressiver. Hochkonzentriertes Produktiveigentum sowie das Druck- und Erpressungspotential von Wirtschaftskonzernen, die inzwischen in eine neue internationale Dimension hineingewachsen waren, untermauerten ihre Macht, diese Ansprüche durchzusetzen.

Die neoliberale Wende der Achtziger war kein Unfall oder Abweg, sondern eine Konsequenz der Entwicklung in den Jahrzehnten zuvor. Im Ergebnis gewann eine Politik der Privatisierungen und des Abbaus gesetzlicher Schutzrechte Oberhand, die immer größere Bereiche des öffentlichen Lebens in Anlagesphären und Ausbeutungsobjekte privaten Kapitals zurückverwandelte. Je nach Rigorosität des Privatisierungskurses in den einzelnen europäischen Ländern ging mit ihm eine teils massive Polarisierung von Einkommen und Vermögen einher; am unteren Ende der Sozialskala wuchsen Armut und Bedürftigkeit in einem Ausmaß, das seit Ende des Zweiten Weltkriegs als für immer überwunden gegolten hatte.

Wie bereits in den zwanziger Jahren und wie immer, wenn sich Einkommen bei denen konzentriert, bei denen selbst snobistischste Konsumbedürfnisse lange gesättigt sind, während auf dem Gegenpol sinkende Kaufkraft Einschränkung und Verzicht erzwingt, setzte auf den globalen Finanzmärkten ein gewaltiger Spekulationsboom ein, der sein historisches Vorbild weit überflügelte. Die reale Wirtschaft dagegen wuchs nur noch mit niedrigen Raten und bevorzugt in der wahnwitzigsten aller Branchen, der Produktion von Rüstungsgütern.

In Japan stürzte das Kartenhaus der Scheingewinne bereits zu Beginn der Neunziger zusammen und mündete in eine bis heute anhaltende Dauerdepression mit sinkender Produktion und rückläufigen Einkommen, in deren Gefolge der Lebensstandard der Japaner sich mehrheitlich deutlich verschlechterte. In Europa und den Vereinigten Staaten dagegen wurde die Spekulationshausse durch den Beutefeldzug gen Osten und eine aggressiv profitdiktierte Umwälzung der sozialen Verhältnisse zu Hause erst richtig angeheizt. Am oberen Ende konzentrierte sich ungeheurer Reichtum, am unteren immer mehr Armut. Das große Festmahl der Konzerne begann. Gefüttert von der Rekapitalisierung des Ostens und der Privatisierung ehemaliger Staatsbetriebe in Lateinamerika, gespeist aus der erzwungenen Öffnung der Kapitalmärkte Südostasiens und den Sonderwirtschaftszonen Chinas, genährt durch die weitere Verschleuderung öffentlichen Eigentums im Gefolge der Verträge von Maastricht und Amsterdam in Europa, aufgebläht zudem durch eine Welle von Fusionen und Übernahmen, entstanden jene ungeheuren Wirtschafts- und Finanzgiganten, die heute unseren Planeten beherrschen: Energie- und Rüstungsmultis, deren jährliche Profite höher sind als das Volkseinkommen mittelgroßer Länder, Großbanken, die per Knopfdruck Milliarden von Kontinent zu Kontinent verschieben und dadurch spielend ganze Volkswirtschaften in den Abgrund reißen, industrielle Global Player, die mit Einstellung oder Entlassung das Schicksal Hunderttausender Menschen besiegeln, sie alle Richter über Wohlstand und Elend, über Leben und Tod, die wahren Diktatoren dieser Welt, unkontrolliert und nahezu unkontrollierbar.

Profitable Zerstörung

Werden selbst in den „Wohlstandsinseln" die begrenzte Phasen von Produktion und Wachstum regelmäßig wieder abgelöst durch solche der Zerstörung, der Verarmung und des sozialen Ruins von Millionen, um wie viel schlimmer erst sind die Folgen für all die vergessenen und verdrängten Elendsregionen dieser Welt, in denen Menschen bis heute die elementarsten Existenzbedingungen, Nahrung und sauberes Trinkwasser, vorenthalten werden. Dort ist das Leben unter dem Regiment des Profits in den zurückliegenden 50 Jahren nie leichter, sondern immer nur härter, grausamer, quälender geworden. Und die Elendsregionen werden nicht kleiner, sie wachsen, – mit jeder Privatisierung, mit jedem generösen Kredit, der mit Zins und Zinseszins zurückzuzahlen ist, mit jeder Flasche Champagner, die in noblen Bankpalästen und Vorstandsetagen auf einen weiteren gelungenen Deal geöffnet wird.

Argentinien besaß zu Beginn des zwanzigsten Jahrhunderts eine prosperierende Wirtschaft und lag noch in den zwanziger Jahren bezogen auf Lebensstandard und Wirtschaftskraft vor Ländern wie Italien und Japan. Nach zwei Jahrzehnten Schuldknechtschaft in den Fängen des Pariser und des Londoner Clubs und nach dem erpreßten Ausverkauf der Volkswirtschaft an die Multis der Industriestaaten ist Verelendung in ihren extremsten Formen in das Land zurückgekehrt. 5 Millionen Argentinier haben nicht genug zu essen, 9 Millionen müssen mit weniger als einem Dollar am Tag überleben, ein Viertel der Bevölkerung ist arbeitslos, die Wirtschaft schrumpft. Andere lateinamerikanische Länder leiden ähnlich. Um 7 Millionen ist die Zahl der Armen in Südamerika im Jahr 2002 gewachsen. 7 Millionen zerstörte soziale Existenzen allein in einem Jahr! Auch das durchschnittliche Einkommen je Einwohner in Afrika ist heute geringer als noch vor vierzig Jahren. Der Anteil afrikanischer Waren am Welthandel hat sich auf 2 Prozent halbiert, rund 80 Prozent der Bevölkerung sind bettelarm, ein Fünftel lebt in Kriegsgebieten.

Oder: Haben die osteuropäischen Staaten nach zehn Jahren Kapitalismus etwa jenen Produktivitäts- und Wohlstandssprung nachgeholt, den das sozialistische Modell vorher angeblich verhinderte? Haben die Menschen wenigstens eine Winzigkeit an Lebensqualität hinzugewonnen? Das Gegenteil ist der Fall. In Tschechien liegen die Realeinkommen der großen Mehrheit heute um etwa zehn Prozent unter denen des Jahres 1989. Pro Jahr werden ein Drittel weniger Wohnungen gebaut. Die Industrieproduktion ist um 22 Prozent eingebrochen, die der Landwirtschaft um 30 Prozent. Die Integration in die EU wird diesen Trend noch verstärken. In Rußland hat die Wiedereinführung des Kapitalismus gemessen am Rückgang des Pro-Kopf-Einkommens größere volkswirtschaftliche Verheerungen angerichtet als der Zweite Weltkrieg und Hitlers barbarische Strategie der verbrannten Erde. Die russische Industrieproduktion von 1999 erreicht gerade noch vierzig Prozent des Niveaus von 1989. Lebten damals nach Schätzungen der Weltbank 2 Prozent der Russen in Armut, waren es Ende 1998 23,8 Prozent, wobei die Verfügung über 2 Dollar pro Tag die Armutsgrenze definiert. Armutskrankheiten wie Diphterie und Tuberkulose, vorher nahezu ausgerottet, breiten sich wieder aus. Millionen Kinder besuchen keine Schule mehr und wachsen ohne medizinische Versorgung auf. Die Sterblichkeit Neugeborener steigt, die Lebenserwartung ist drastisch gesunken. Schroffe soziale Kontraste und wachsende Ungleichheit bei gleichzeitigem dramatischen Rückgang der Produktion, Armut, Krankheit, Unbildung, Mafia, Bürgerkrieg, Hoffnungslosigkeit – so sehen die Segnungen der kapitalistischen Marktwirtschaft in Osteuropa aus.

Alle zwei Sekunden stirbt auf unserem reichen, fruchtbaren Planeten, der nach Aussagen des World Food Report der UNO 12 Milliarden Menschen problemlos ernähren könnte, ein Mensch an den Folgen extremer Armut. 840 Millionen Menschen hungern. Jeder hat diese Zahl schon einmal gehört – aber ist nicht allein sie ein schreiender Gegenbeweis zu der Lüge, der Kapitalismus fördere Produktivität und Produktion, ja, sei gar ihre Bedingung?

Das Leben auf der Erde ist in den zurückliegenden fünfzig Jahren nicht nur immer ungleicher geworden, der Kontrast zwischen ungezügeltem Luxus auf der einen und äußerster Armut auf der Gegenseite immer größer. Nein, die Produktion lebenswichtiger Güter ist in ganzen Landstrichen faktisch zum Erliegen gekommen, abgeschnürt, abgewürgt, ihrer Voraussetzungen beraubt durch genau jene Prinzipien von Privateigentum und Profit, die Produktion und Innovation vorgeblich so außerordentlich begünstigen. Jeder kennt die furchtbaren Bilder skelettierter Kinder mit gedunsenen Bäuchen, für die das Leben nichts bereit hält als Qual, die Bilder apathisch leidender Menschen in den Flüchtlingslagern der Elendsregionen, aller Möglichkeiten entblößt, auch nur ihr Überleben selbst zu sichern, jeder kennt Aufnahmen trostlos verfallener Krankenhäuser mit Betten ohne Laken, die zu Sterbeanstalten geworden sind, weil einfachste Medikamente nicht bezahlt werden können – all der Schmerz und das Grauen, die aus barbarischer Armut entstehen, in einer Zeit, in der die menschliche Gattung reicher sein könnte als je, sind sie nicht eine tägliche erschütternde Anklage gegen den Wahnwitz einer dem Verwertungstrieb privaten Kapitals unterworfenen Welt?

Selbstmord der Märkte

Der Stachel des Profits mag Produktivität und Wachstum, Erfindungsgeist und Neuerung befördern, wo keiner stark genug ist, Preise und Umfang des Angebots zu diktieren, wo Zulieferer und Abnehmer sich auf gleichem Level begegnen, wo Eigentum in jenen engen Schranken bleibt, in denen es nicht politische Macht gebiert, wo starke Sozialgesetze Kostensenkung zu Lasten der Beschäftigten und starke Umweltauflagen Raubbau verhindern. Wo all diese Bedingungen erfüllt sind, mögen private Unternehmen zum Vorteil der Allgemeinheit wirken, weil Smiths unsichtbare Hand ihre Entscheidungen lenkt. Aber wo, bitte sehr, sind im heutigen Kapitalismus diese Bedingungen erfüllt? Wann immer ein neuer Markt entsteht oder ein vormals staatlich regulierter geöffnet wird, erleben wir den gleichen Zyklus. Ist das nötige Kapitalminimum nicht zu hoch und gilt der Markt als wachstumsträchtig, grassiert zunächst das Gründer-Fieber. Neue Unternehmen drängen ans Licht wie Pilze nach einem warmen Herbstregen, großzügig mit Geld versorgt durch Börse und Banken, die an den Emissionen kräftig mitverdienen. Bald fallen branchenweit die Preise, Privatisierung und „Liberalisierung" scheinen ihre Wirkung zum Wohle des Verbrauchers zu entfalten. Ist die Konkurrenz heftig und ungezügelt, werden die Güter streckenweise unterhalb der Produktionskosten angeboten. Jetzt schreiben alle Verluste, die Großen freilich immer noch weniger heftig als die Kleinen, weil sie in der Regel billiger produzieren können. In dieser Phase wird von Reserven gelebt, und je größer die Kapitalbasis eines Unternehmens, desto größer seine Chance, die Durststrecke zu überdauern. Bald verschwinden die ersten Kometen wieder vom Himmel. Die Waghalsigeren suchen im Dunstfeld zwischen kleinen Tricks und großem Betrug ihr Überleben zu sichern, was sie oft nicht rettet. Nach den ersten Konkursen entzieht der Kapitalmarkt der Branche sein Vertrauen; Schulden werden teurer, die Verluste noch größer, Bankrotte häufiger. Übrig bleiben am Ende wenige Giganten, die fortan den Markt beherrschen. Dann steigen auch die Preise wieder, weit über das Niveau der Kostendeckung und in der Regel auch weit über das Niveau, das sie vor Privatisierung und Öffnung hatten.

Eine Datenbank des Unternehmensberaters A.T. Kearney, die 27 000 Unternehmen aus 24 Branchen in 53 Ländern erfaßt, bestätigt für alle den gleichen Zyklus: Der Marktanteil der drei größten Branchenfirmen, der am Beginn oft unter einem Fünftel lag, stieg im Laufe der Zeit auf über 80 Prozent. Die Zeit, die er dafür brauchte, unterschied sich je nach Branche, das Ergebnis nicht.

Je größer die Unterschiede in der Startposition der Unternehmen, desto schneller geht es. Die Mitte der Neunziger geöffneten und privatisierten Telekommunikationsmärkte haben die Gründer-Jahre mit fallenden Preisen bereits hinter sich. Das gleiche gilt für jene Branche, die sich im Boom der Start-ups als New Economy feierte und inzwischen großenteils wieder unter den Fittichen der Altgiganten untergekommen ist. Im Finanzgewerbe und Einzelhandel der Industrieländer ist der Zyklus längst abgeschlossen, was weitere Konzentrationswellen in Krisenzeiten nicht ausschließt. So lieferten sich die Großen im Lebensmittelhandel der britischen Insel vor wenigen Jahren einen brutalen Rabattkrieg, dem erneut zahlreiche Wettbewerber zum Opfer fielen. Die übriggebliebenen Konzerne Tesco, Asda und Sainsbury erreichen heute Umsatzmargen, die den Neid ihrer deutschen Kollegen entfachen. Auch die Finanzmärkte sind in Großbritannien und Spanien konzentrierter als in Deutschland; sie werden von einer Handvoll Banken beherrscht, die die Konditionen diktieren und dabei Renditen erzielen, die für deutsche Bankchefs nicht zuletzt aufgrund der Konkurrenz mit den öffentlich-rechtlichen Sparkassen bisher unerreichbar sind. Im Geschäft der Billigflieger stehen wir gerade am Beginn eines Zyklus. Auch hier werden am Ende nur wenige überleben und den Markt bestimmen wie Aldi und Lidl die deutsche Discounter-Sparte.

Anders in den Bereichen Bahn, Post und Energie. Hier entfiel der Umweg über die Gründerphase in vielen Ländern ganz, weil das zum erfolgreichen Start nötige Kapital zu hoch und der Kostenvorteil der bereits marktmächtigen Konzerne viel zu ausgeprägt war, um Neueinsteiger in ausreichender Zahl zu motivieren. Connex wird sich mit Randstrecken begnügen müssen, kleine Energiehändler in Deutschland werden vom marktmächtigen Duopol aus Eon und RWE an die Wand gedrückt. Im Ergebnis ist der Strompreis für den Normalverbraucher, ohne je relevant gefallen zu sein, heute höher denn je, und für die Preise von Bahntickets und Päckchen gilt das gleiche.

Daß Privatisierungen kommunale oder staatliche Monopole direkt durch private ersetzen, ist auch dann die wahrscheinlichere Variante, wenn Branchenriesen im Ausland bereits existieren und nur auf die Chance zum Einstieg warten. Aber gleich, ob im Ergebnis eines Zyklus oder ohne diesen Umweg: Je konzentrierter am Ende der Markt, desto höher die Preise, desto geringer daher der Absatz in Stück oder Leistung, den die zahlungsfähige Nachfrage aufnehmen kann, desto geringer aber damit auch Produktion und Beschäftigung, die für die Konzerne der betreffenden Sparte lohnen und die sie folglich betreiben.

Denn ihr Ziel ist nicht Produktion, sondern Rendite. Wenn eine Steigerung der Produktion die Rendite erhöht, werden sie sie steigern. Wenn weniger Produktion mehr einbringt, würgen sie sie ab. Ihr Ziel ist nicht sparsamer Umgang mit Ressourcen, sondern Kostensenkung. Sind Naturgüter billig und die Arbeitskraft wehrlos, verschleißen und verschwenden sie beide bis zum Exzeß. Ihr Ziel ist nicht Befriedigung des Bedarfs, sondern optimale Versilberung der zahlungskräftigen Nachfrage. Genau das tut die privatisierte Bahn, wenn sie sich auf die profitable ICE-Langstrecke für Geschäftsreisende konzentriert und Kurzstreckenpendler geradewegs ins Auto zwingt. Genau das tun private Energieunternehmen, die Preissenkungen für ihre Industriekunden durch einen Aufschlag bei den Haushalten finanzieren, die – anders als jene – kaum zum Wechsel in der Lage sind. Genau das tun private Banken, die Vermögende auf roten Teppichen empfangen und Soziahilfeempfängern selbst ein reines Guthabenkonto verweigern. Genau das tun Pharmakonzerne, die ihre Forschungskapazitäten auf Potenzmittel und Schlankheitspillen konzentrieren, an der Heilung tödlicher Tropenkrankheiten dagegen kaum beiläufiges Interesse zeigen. Wäre die AIDS-Epidemie auf den Trikont beschränkt geblieben, es gäbe heute all jene Mittel nicht, die das Leben der Kranken immerhin deutlich verlängern. Wird das Verbrechen umgesetzt, auch noch den existentiellsten aller natürlichen Schätze, das Wasser, weltweit den Profitgelüsten privater Anbieter zu übereignen, werden künftig noch weit mehr als die heute betroffenen 1,2 Milliarden Menschen vom Zugang zu sauberem Trinkwasser abgeschnitten sein. Sie zahlen mit ihrer Gesundheit und oft genug mit ihrem Leben für Gewinnmargen zwischen zwanzig und dreißig Prozent, die die Privatisierung den Wasserkonzernen verspricht.

Erschreckende Beispiele für die Folgen von Privatisierungen gibt es mehr als genug. Als die Bolivianische Regierung 1999 auf Druck der Weltbank die kommunalen Wasserwerke von Cochabamba privatisierte, explodierten die Wasserkosten um über 100 Prozent. Die Übernahme des staatlichen Telekommonopols der Elfenbeinküste durch einen privaten französischen Anbieter führte zu derart drastischen Gebührenerhöhungen, daß selbst Studenten aus Mittelklassefamilien sich keine Internetrecherche mehr leisten konnten. In Argentinien wurden auf Druck von IWF und Weltbank in den neunziger Jahren die ehemaligen Staatsbetriebe im Bank-, Telekom-, Strom- und Ölbereich privatisiert und von ausländischen, überwiegend spanischen und nordamerikanischen Global Playern übernommen. Sie haben aus Argentinien Milliardenprofite herausgepreßt, die überwiegend außer Landes flossen, und sobald ihre Investments keine Optimalrendite mehr versprachen, haben sie durch Massenentlassungen die derzeitige Krise wesentlich ausgelöst. Im Irak soll in Zukunft der relativ breite verstaatlichte Sektor privatisiert werden; die desaströsen Folgen für die soziale Situation im Land werden nicht auf sich warten lassen. Auch in den europäischen Gesellschaften gibt es eine auffällige Parallelität zwischen der Größe der (noch) staatlich kontrollierten Bereiche und einer schwächeren Ausprägung sozialer Kontraste. Kinderarmut tritt in weit krasseren Formen in Ländern forcierter Privatisierungspolitik wie Großbritannien auf als in nach wie vor stärker regulierten Wirtschaften wie der schwedischen. Aber auch in Schweden wächst sie, seit der Staat seinen Rückzug begann.

Tausend Exempel sprechen gegen die Lüge, daß die private Hand Leistungen und Güter preiswerter erstellt als die öffentliche, daß sie achtsamer, naturverträglicher oder verbraucherfreundlicher agiert. Es geht den Privatisierern nicht um Wirtschaftlichkeit, es geht um Anlagesphären, um die Ausrottung auch noch der letzten Reservate, die, weil öffentlich kontrolliert, sich dem Schinden von Gewinn und Dividenden entziehen, es geht um die Macht zur profitablem Ausbeutung jeder Regung menschlichen Daseins, sei es Durst oder Hunger, sei es Krankheit oder

Bildungsbedarf. Wie ein nimmersattes Reptil frißt das globale Großkapital sich durch die Lebensfasern der menschlichen Gesellschaft, zerstört soziale Netze, Sicherheit und Zusammenhalt. Wo es heute einhundert Dollar hinschickt, holt es sich über die Jahre verläßlich tausend zurück. Und wird der Rückfluß eines Tags schwächer, dann zertrümmert es, was es gestern noch aufgebaut hat, und sucht sich ein neues Objekt. Der irrationale Exzeß, die aberwitzige Übertreibung erst nach oben und dann nach unten, ist kein Fauxpas, sondern sein Normalzustand.

No Alternative?

„Eigentum verpflichtet. Es soll zugleich dem Wohle der Allgemeinheit dienen", postuliert die Verfassung der Bundesrepublik Deutschland. Wer aber ist „die Allgemeinheit", deren Wohl es dient, wenn Daimler und Deutsche Bank Milliarden an Dividenden unter ihre Aktionäre verteilen, aber keinen Euro an Steuern mehr zahlen? Wessen Wohl wird befördert, wenn BMW seine Entscheidungsfreiheit, in Tschechien oder in Leipzig zu produzieren, zum Erpressen öffentlicher Milliardensubventionen und zu Lohndumping nutzt, wenn Siemens noch in Jahren bester Gewinne Tausende Mitarbeiter vor die Unternehmenstür setzt? Wessen Wohl dient ein Europa, in dem eine Handvoll Wirtschaftsgiganten diktieren und die übergroße Mehrheit mit Einbußen und Existenzängsten zahlt? Wessen Wohl dient eine Welt, in der grausamste Armut neben blasiertem, übersättigtem Reichtum gedeiht?
Die Diktatur der Global Player gründet auf ihren Eigentumsrechten; sie steht und sie fiele mit ihnen. Jede schützende Regelung, die der Willkür ihrer Verwertungsinteressen Einhalt gebietet, jedes Sozialgesetz, das die Folgen zügelloser Profitgier mildert, jeder Zipfel öffentlichen Eigentums, das Schutzzonen schafft – ob kommunale Wasserversorger oder öffentliche Sparkassen, ob gesetzliche Sozialversicherungen oder verstaatlichte Ölfelder –, jedes Element gesellschaftlicher Kontrolle muß verteidigt werden, um jedes lohnt es zu kämpfen. Aber das reicht

nicht. Aus Abwehrschlachten werden allzu leicht bloße Rückzugsgefechte, deren Träger auf immer schmalerem Terrain einem mit jedem Teilsieg machtvolleren Gegner bald chancenlos gegenüberstehen. Die globale Barbarei wurzelt nicht allein im Vordringen der Global Player in all jene Lebensbereiche, die sich ihrem unkontrollierten Zugriff bisher noch entziehen. Sie wurzelt vor allem in ihrer Herrschaft über jene, in denen sie groß geworden sind und die ihre Macht begründen, die ständige Ausweitung ihrer Zugriffsrechte zu erzwingen.

Für private Großbanken spricht nicht mehr als für privatisierte Krankenhäuser, für private Ölmultis nicht mehr als für private Wasserversorger. Die zentralen Bereiche der industriellen Produktion und die Macht über die Finanzierungsbedingungen von Investitionen gehören ebensowenig in private Hand wie die Naturreichtümer und Bodenschätze dieser Erde oder die Gewährleistung von Mobilität, Kommunikation, Bildung, Alterssicherung oder Gesundheitsfürsorge. Das Machtkartell der Giganten ist auflösbar, wenn Eigentum wieder dem Wohle der Allgemeinheit dienstbar gemacht wird, indem all diese Bereiche dem Zugriff privaten Kapitals und damit der Logik maximaler Renditen entzogen werden.

Öffentliches Eigentum kennt viele Facetten. Es reicht von der öffentlich-rechtlichen Eigentumsform bis zu Aktiengesellschaften, an denen öffentliche Körperschaften Mehrheitsanteile halten. Solche Körperschaften können Kommunen oder Bundesländer sein, Nationalstaaten und überstaatliche Organisationen von der Art der EU. Je nach Betriebsgröße, Versorgungsradius und volkswirtschaftlichem Gewicht eines Unternehmens mag die eine oder andere Variante sinnvoller sein. Aber ob Kommune oder Bundesstaat: Der entscheidende Unterschied eines öffentlich kontrollierten gegenüber einem privaten Unternehmen besteht darin, daß die letzte Entscheidung bei demokratisch legitimierten Gremien liegt, in denen die Stimmrechte nicht nach Vermögen und Besitz gestaffelt sind. Gewählte Repräsentanten vom Bürgermeister und Kommunalparlament bis zum Staatspräsidenten müssen sich vor ihren Wählern verantworten; Parteien können abgewählt werden, Parlamentsentscheidungen stehen zur öffentlichen Debatte. Natürlich ist öffentliches Eigentum nur dann ein Garant Gemeinwohl-bestimmter Entscheidungen, wenn die Gemeinschaft ausreichende Mittel zur Kontrolle des öffentlichen Eigentümer hat. Um mehr direkte Demokratie und um mehr Einfluß auf die staatlichen Gremien aller Ebenen kann und muß daher gerungen, einmal erreichtes Recht immer von Neuem verteidigt werden. Aber dieses Feld steht der gesellschaftlichen Auseinandersetzung offen. Der Vorstand eines Unternehmens dagegen ist *per se* nur dessen Eigentümern verpflichtet; „Geld ist Stimmrecht" ist das Prinzip, auf dem seine Entscheidungen beruhen. Das mag unproblematisch sein, solange ein Unternehmen nur betriebsinterne Fragen entscheidet und dabei die Rahmenbedingungen akzeptieren muß, die die öffentliche Hand ihm setzt. Erwächst dagegen aufgrund von Größe und Gewicht eines Wirtschaftskonzerns aus betriebswirtschaftlicher Entscheidungsbefugnis gesellschaftliche Macht, dann kehrt dieses Verhältnis sich um: dann setzen private Eigentümer im Interesse ihrer Rendite die entscheidenden Daten des öffentlichen Lebens, und der übergroßen Mehrheit der Menschen, einschließlich ihrer gewählten Repräsentanten, bleibt nur die Unterwerfung. Wo dies geschieht, ist privates Eigentum weder mit den Ansprüchen einer sozialen noch einer demokratischen Gesellschaft vereinbar.

Über die Frage der konkreten Betriebsführung ist mit der Eigentumsfrage nicht entschieden. Öffentliche und Staatsunternehmen *können* nach den gleichen Prinzipien wirtschaften wie private. Wo sie es tun, stehen sie mit Blick auf betriebswirtschaftliche Kriterien wie Effizienz und Rentabilität ihren privaten Konkurrenten meist nicht nach. Weshalb auch sollte es anders sein? Private Aktiengesellschaften werden genau wie Unternehmen in öffentlichem Eigentum oder mit einem staatlichen Mehrheitsaktionär von bezahlten Managern verwaltet, deren Verdienst und Karrierechancen davon abhängen, ob sie die in sie gesetzten Erwartungen erfüllen. Solche Erwartungen zielen im Fall privater Eigentümer auf eine Steigerung von Kurswert und Dividende sowie eine globale Strategie, die beides auch für die Zukunft sicherstellt. Wer in diesem Sinne erfolgreich ist, steigt auf oder sichert zumindest seinen Arbeitsplatz, wer es nicht erfüllt, verschwindet. Das Anreizsystem erfolgsabhängiger Bezahlung – ob durch Prämien, Provisionen, Unternehmensaktien oder Aktienoptionen – bestimmt heute nahezu alle Arbeitsverträge bis zum einfachen Mitarbeiter. Zugleich schwebt über allen stets das Damoklesschwert von Versetzung, Herabstufung oder gar Arbeitsplatzverlust.

Ein Staatskonzern, der mit gleichen Instrumenten auf gleiche Ziele hinwirkt, wird die gleichen Ergebnisse erzielen. Das ist kein Kunststück, und Beispiele zeigen, daß es geht. Die vom Staat gegründeten und geleiteten Stahlwerke in Korea und Taiwan sind die effizientesten der Welt. Der französische Staatskonzern Electricité de France befindet sich mit einer Bruttomarge von 30 Prozent auf gleichem Level mit den privaten Energieriesen Eon und RWE und geht nicht minder aggressiv als diese auf internationale Einkaufstour. Den französischen Strommarkt bestimmt er nach wie vor fast allein. Unbeschadet dessen gehören die französischen Strompreise zu den niedrigsten in Europa. Gaz de France, ebenfalls noch in Staatsbesitz, ist in 33 Ländern vertreten und hat 2001 bei 14,4 Milliarden Euro Umsatz einen Nettogewinn von 891 Millionen realisiert. Beide Unternehmen unterscheiden sich in Geschäftspolitik und Auftreten nicht von privaten Global Playern. Der einzige Unterschied besteht darin, daß der Gewinn in die Staatkasse fließt und daher für Bildung und soziale Leistungen zumindest zur Verfügung stehen könnte statt im dunklen Kontensystem des Geldadels zu verschwinden, aus dem kaum ein Rinnsal an Steuern an die Gemeinschaft zurückkehrt.

Das Problem besteht nicht darin, ob die Rentabilitätskriterien bei richtigen Anreizen auch in einem öffentlichen Unternehmen erreicht werden *können*. Das Problem besteht darin, ob – beziehungsweise in welchen Grenzen – sie erreicht werden *sollen*. Denn was sich betriebswirtschaftlich rechnet, kann volkswirtschaftlich der blanke Aberwitz sein. Wem nützt eine Effizienz à la Enron, die in Kalifornien die Lichter auslöscht und sich in der Schlinge waghalsiger Finanzkontrakte am Ende selbst den Hals bricht, eine Effizienz, die Hunderttausende Mitarbeiter um Arbeitsplatz und Pensionen bringt? Wem nützt die neue Wirtschaftlichkeit der Deutschen Bahn, deren signifikanteste Zeichen verrottende Schienen zwischen verfallenden Kleinstadtbahnhöfen sind? War es wirklich ein Zeichen sorgloser Verschwendung, daß Postämter und Briefkästen früher auch von älteren Menschen zu Fuß erreicht werden konnten? Sparkassen sind auch deshalb weniger rentabel als ihre privaten Konkurrenten, weil sie dem kleinen Gewerbetreibenden, der bei der Deutschen Bank vor die Tür gesetzt wurde, manchmal noch einen Kredit gewähren. Gesetzliche Krankenkassen versichern auch den chronisch Kranken, der absehbar mehr Kosten verursacht als er Beitragseinnahmen verspricht. Und jener unglaubliche Verschleiß an Gesundheit und Nerven, der aus steigendem Leistungsdruck und längerer Arbeitszeit einer immer kleineren Zahl von Mitarbeitern folgt, steigert er etwa deren Ideenreichtum und Kreativität?

Das vielleicht wichtigste Privileg, das öffentliche Unternehmen von privaten unterscheidet, ist: sie *können* zwar nach betriebswirtschaftlichen Rentabilitätskriterien arbeiten, sie *müssen* es aber nicht um jeden Preis. Sie können andere, zusätzliche Ziele formulieren – soziale oder auf Naturschonung ausgerichtete – und die den Beschäftigten gesetzten Anreize darauf orientieren. Sie können in Bereichen, wo dies sinnvoll ist, Preise auf dem Niveau reiner Kostendeckung anbieten oder aus Gründen gesellschaftlich erwünschter Effekte *ein* Angebot durch höhere Preise eines anderen subventionieren. Sie können Gewinnaufschläge in dem Rahmen halten, der für die Modernisierung des Kapitalstocks und für Forschung und Entwicklung zwingend notwendig ist. Sie können (und müssen!) auf jene scheinbaren Effizienzgewinne verzichten, die lediglich auf verschärfter Ausbeutung beruhen und gestreßte Beschäftigte ihrer Zeit für Erholung und Familie berauben. Und soweit öffentliche Unternehmen im Rahmen der sozial gebotenen Grenzen auf höhere Gewinne orientieren,

stehen diese anschließend für öffentliche Ausgaben zur Verfügung, für Schulen und Universitäten, für Familienförderung, Senioreneinrichtungen und Krankenhäuser, statt, wie im Fall privater Konzerne, die ausschweifenden Champagnerpartys der Schickeria mit Hummer und Trüffeln zu finanzieren.
Die vielbeschworene „Ineffizienz" öffentlicher Unternehmen ist in der Regel nicht die Folge mangelnder Fähigkeit, sondern bewußt anders gesetzter Ziele. Subventionierte Kurzstrecken im Nah- und Fernverkehr mögen unrentabel sein. Um die Blechlawine auf Straßen und Autobahnen zu begrenzen, waren sie sinnvoll und wären auch heute bitternötig. Krankenbeiträge, die mit der Lohnhöhe steigen, aber gleiche Leistungsansprüche begründen, sind betriebswirtschaftlich absurd. Aber nur sie gewährleisten, daß Gesundheit keine Frage des Geldbeutels wird. Billige Sozialtickets der Bahn oder günstige Sondertarife der Telekom für Rentner und Wenigverdiener rechnen sich nicht. Für die Betroffenen eröffnen sie oft die einzige Chance zu Mobilität und Kommunikation. Betriebswirtschaftliche „Effizienz" allerdings verlangt das Gegenteil, sie verlangt Rabatte und Vergünstigungen für den Zahlungskräftigsten und nicht für den Zahlungsschwachen, denn ersterer bringt den Umsatz, während letzterer nur stört. Nicht der Bedarf, sondern die Zahl der gefüllten Brieftaschen definiert die Größe eines kapitalistischen Marktes. Nur wer zahlen kann, der darf eben auch trinken, eine Schule besuchen, ein Leiden medizinisch versorgt überstehen. Das ist die Konsequenz betriebswirtschaftlicher Rentabilitätskriterien, und wer sie zum Maß aller Dinge erklärt, der sollte sich auch zu den gesellschaftlichen Folgewirkungen bekennen.
Sicher, es gibt Gegenbeispiele tatsächlich schlecht geführter, maroder Unternehmen im Staatsbesitz, die bekannten Vorzeigeexempel für Korruption, Schlendrian und Verschwendung, Mißwirtschaft und persönliche Bereicherung. Aber ist das ein Privileg staatlich geführter Unternehmen? Kommen nicht auf jeden trostlos dümpelnden Staatskonzern mindestens zehn privatwirtschaftliche, für die das gleiche gilt? Unzählige Verstaatlichungen der kapitalistischen Geschichte wurden allein deshalb

nötig, weil in den Bankrott gewirtschaftete Privatunternehmen zu groß, zu wichtig und zu volkswirtschaftlich bedeutsam waren, als daß Regierungen sie unbeschadet untergehen lassen konnten. Jüngste Beispiele in der langen Reihe privater Desaster sind die japanische Long Term Credit Bank und die Nippon Credit Bank, die 1998/99 verstaatlicht wurden, weil ihr Konkurs das japanische Finanzsystems mit in den Kollaps gerissen hätte. Japan sanierte die Banken mit Steuergeldern in dreistelliger Milliardenhöhe und gab sie anschließend dem privaten Sektor zurück. Ähnliche Aktionen gab es während der Weltwirtschaftkrise der dreißiger Jahre in den meisten europäischen Ländern.

Daß öffentliche Gelder Netze spannen, wo der angebliche Effizienzgarant Privateigentum in den Abgrund steuert, findet auch unterhalb der Schwelle von Verstaatlichungen wieder und wieder statt. Resona, die fünftgrößte Bankengruppe Japans, die ihren Inhabern in besseren Zeiten Milliarden zugespielt hat, mußte 2003 mit einer Steuergeld-Spritze von umgerechnet 15 Milliarden Euro vor dem Zusammenbruch bewahrt werden. Holzmann ist für Deutschland ein Beispiel von vielen. Besonders perfide wird es, wenn die Bankrotteure selbst ehemalige Staatsbetriebe sind, die, nachdem private Übernahmepiraten den Rahm abgeschöpft und sich goldene Nasen verdient haben, als ausgezehrte Verlustbringer an den Staat zurückfallen. Die Privatisierung der britischen Eisenbahn Railtrack hat mindestens die Banken wohlgenährt, die die Emission vermittelt haben. Inzwischen ist das Unternehmen nach unzähligen Pannen und Skandalen wieder in der Obhut des Staates. Bei British Energy scheint sich Gleiches zu wiederholen. Kurz: Trägheit, Bürokratismus, Fehlkalkulation und Unwirtschaftlichkeit bis zur Pleite sind eine Malaise, die in privaten Unternehmen mindestens ebenso oft vorkommt wie in öffentlichen.

Und wie steht es um die internationale Expansion der Giganten, die Quintessenz der kapitalistischen Globalisierung? Ohne Zweifel sind internationaler Austausch von Waren und Dienstleistungen und internationale Arbeitsteilung, so sie auf Gleichberechtigung und nicht auf Ausbeutung beruht, ökonomisch sinnvoll und steigern den verfügbaren Reichtum. Auch gibt es technologisch bedingte Betriebsgrößen, die nicht ohne Produktivitätsverlust unterschritten werden können. Weder Telefon- oder Schienennetze noch Anlagen zur Produktion von Automobilen sind mit der Kapitalbasis eines Mittelstandsbetriebes zu warten, geschweige denn auf je modernstem Stand zu betreiben. Dennoch: es gibt keinen ökonomisch plausiblen Grund dafür, über ein Drittel des globalen Handels innerhalb der Strukturen von einhundert allmächtigen Wirtschaftsriesen abzuwickeln. Ob BMW in Europa eine oder zehn Betriebsstätten gehören, erhöht die Wirtschaftlichkeit der Produktion in keiner Weise. Daß Daimler in den USA, in Lateinamerika und Südafrika Filialen betreibt, ebenso wenig. Der „Synergieeffekt" internationaler Übernahmen und Fusionen basiert in der Regel nicht auf einem realen Zugewinn an Produktivität, sondern auf Arbeitsplatzvernichtung, auf der Stillegung von Kapazitäten sowie auf erhöhter wirtschaftlicher Konzentration und damit Marktbeherrschung. Die verschachtelten und verschlungenen Hierarchien der Konzerne sind kein Gebot der Effizienz, sondern die Grundlage ihrer Macht, Zulieferern, Abnehmern und Regierungen ihre Konditionen zu diktieren. Deshalb, nur deshalb, zahlt sich das globale Monopoly für ihre Anteilseigner aus.

Ein Großteil der konzerninternen Transaktionen hat ohnehin nichts mehr mit der Bewegung realer Güter und Dienste zu tun, nichts mit komparativen Vorteilen internationaler Arbeitsteilung. Sie dienen der bloßen Manipulation von Computerzahlen, sei es für globales Steuerdumping mit sozial verheerenden Folgen, sei es für eine rein spekulative Finanzakrobatik, die die imaginären Gewinne erhöht. Wie viel Phantasie und Geist, welche Anstrengungen von Kreativität und Gedanken werden nutzlos verschleudert, wenn sich das Aufgabenfeld ganzer Abteilungen im virtuosen Spiel mit sinnlosen Buchungsvorgängen erschöpft!

Gleiches gilt für die Glücksspieler und Pokerer auf dem Roulette-Tisch der internationalen Finanzwelt. 1,2 Billionen Dollar wechseln auf den globalen Devisenmärkten täglich den Besitzer, annähernd die Hälfte davon wird von den sieben größten Banken der Welt bewegt. Kaum eine dieser gewaltigen Transaktionen hat einen realwirtschaftlichen Wert oder auch nur Hintergrund. Hochkomplexe Software-Programme wurden und werden einzig zu dem Zweck entwickelt, Computerzahlen, die für nichts stehen, nach oben und unten zu manipulieren. Vom Schmiermittel reibungsfreier Investition und Verteilung ist das Geldwesen unter dem Regime global agierender Finanzgiganten zur hemmungslosen Schaumschleuder geworden, deren Exkremente sich klebrig und störend in die Poren des internationalen Wirtschaftsorganismus zwängen, seine Bewegungen lähmen oder in irre Zuckungen wandeln.

Die Global Player sind kein ökonomischer Fortschritt, sondern ein wert- und zukunftsloser Seitenzweig der ökonomischen Evolution, den es wieder zurückzunehmen gilt. Gleichberechtigter freier Handel und internationale Arbeitsteilung ohne Ausbeutung sind nur über die Entflechtung dieser Wirtschaftsungetüme zu erreichen.

Auch deshalb gibt es kein „Alles oder Nichts" bei der sozialen Veränderung dieser Welt. Argentinien muß, um die verheerenden Folgen der Privatisierungen der Neunziger rückgängig zu machen, sich nicht gedulden, bis die Großbank Santander Central Hispano in Spanien oder Fiat in Italien keine privaten Unternehmen mehr sind. Das Problem ist in Argentinien selbst – oder besser noch: im Wirtschaftsraum eines erweiterten Mercosur – zu lösen, indem den Multis der einst gewährte Zugriff wieder entzogen wird. Beispiele für unter dem Druck von Massenbewegungen zurückgenommene Privatisierungen gibt es. So erzwangen Proteste und ein Generalsstreik in Cochabamba den Rückzug des internationalen Konsortiums „Aguas del Turani" und die Aufhebung des Konzessionsvertrages über die Wasserwerke. Auch im südamerikanischen Paraná entzog der Gouverneur nach massivem öffentlichen Druck dem Privatunternehmen Veolia/Vivendi per Dekret wieder die Kontrolle über die regionale Wassergesellschaft. Die Arbeiter eines Tochterwerks des Continental-Konzerns im mexikanischen El Salto besetzten nach der angekündigten Betriebsschließung über ein Jahr lang das Werksgelände und verhinderten so den Abtransport der Maschinen. Zu ihren Forderungen gehörte entweder der Weiterbetrieb durch den Konzern oder die Übergabe der Produktionsstätte in die Selbstverwaltung der Arbeiter. Ähnliche Betriebsbesetzungen zur Verteidigung von Produktionsressourcen und Beschäftigung gab es auch in Argentinien und anderen lateinamerikanischen Staaten. Nicht selten freilich wurde und wird in solchen Fällen das Recht der Global Player, Produktion und Arbeitsplätze in jedem beliebigen Land nach Lust und Profitaussichten entweder zu betreiben oder zu zerstören, mit brutaler staatlicher Gewalt zur Durchsetzung gebracht. Möglich ist aber auch anderes, und insbesondere jene lateinamerikanischen Regierungen, die mit dem ausdrücklichen Versprechen eines Linkskurses und einer Politik des sozialen Ausgleiches angetreten sind und gewählt wurden, wären zu anderem verpflichtet.

Ein neues Europa

Ein soziales, friedliches und demokratisches Europa ist nicht möglich, solange die entscheidenden wirtschaftlichen Hebel von denen gesteuert werden, die an Unsozialität, Ausbeutung und Kriegen verdienen und den Jetset ihrer Hauptaktionäre mit dem Demos verwechseln. Die Entflechtung und Sozialisierung der Giganten ist ein Thema, das auch hier wieder auf die Tagesordnung gehört. Dabei geht es nicht um jene Hunderttausende mittelständische Firmen, die weit entfernt sind, auch nur eine Kommune, geschweige denn ganze Staaten zu erpressen, Firmen, deren Interessen bei Gesetzen und Verträgen bisher so wenig gefragt sind wie die der Beschäftigten und die selbst immer häufiger zum Opfer der Krise werden. Ebensowenig geht es darum, jene Millionen Kleinaktionäre, die mit demagogischen Versprechen aufs Aktienparkett gelockten wurden und oft schon genug verloren, am Ende gar noch um den Rest ihrer Ersparnisse zu bringen.
Nein, es geht um die noble Gesellschaft der 500 Wirtschaftsmächtigen in Europa, die am oberen Ende mit BP, Daimler-

Chrysler, Royal Dutch und Totalfina Elf mit je dreistelligen Milliardenumsätzen beginnt und mit Medienkonzernen und Handelsketten von über zwei Milliarden Euro Umsatz endet, eine Gesellschaft, nahezu geschlossen und über Jahrzehnte kaum verändert, beherrscht von den europäischen Rüstungs-, Finanz- und Automobilgiganten sowie den großen Mitspielern im globalen Energiegeschäft. Und hinter dem schwer durchschaubaren Dickicht ihrer wirtschaftlichen Bande, dem enggewebten Netz an Verflechtungen, in dem ein Konzern Anteile an anderen hält und über deren Aktienpakete wieder dritte beeinflußt, die ihrerseits an ihm selbst beteiligt sein können, hinter diesem Gewirr der Einwirkungen und versteckten Hierarchien steht eine exklusive Gruppe privater Eigentümer. Das ist der Machtclub, dem das heutige Europa gehört.

Die Creme de la Creme dieser Runde repräsentieren die europäischen Namen auf der jährlich veröffentlichten Liste des Magazins „Forbes"; unter der Rubrik der „Ultra High Net Worth Individuals" sind sie im Weltwohlstandsbericht der Investmentbank Merrill Lynch nahezu vollständig versammelt. 3700 Deutsche zählen dazu, europaweit sind es wenige Zehntausend. Wer diesem erlesenen Kreis angehört, hat nicht in schweren Arbeitsjahren Enthaltsamkeit geübt, sondern zum großen Teil einfach die richtigen Eltern gehabt. Die Leistung dieser Elite aller „Leistungsträger" besteht mehrheitlich in der Auswahl der richtigen Vermögensverwaltungsgesellschaft oder in geglückter eigener Spekulation. Die alten Clans dominieren bis heute, groß geworden über einhundert Jahre im Stahl-, Finanz-, Rüstungs- und Automobilgeschäft. Vertreter dieser Kaste besetzten die ausschlaggebenden Machtpositionen in den höchsten Gremien der europäischen Wirtschaft, kaum eine Entscheidung – weder der Politik noch der Wirtschaft – fällt an ihnen vorbei.

Und ebenso, wie die Grenze zwischen mittelständischem Betrieb und wirtschaftsmächtigem Konzern aller liberalistischen Mythen zum Trotz nicht fließend ist, sondern auf etablierten Märkten von unten nach oben unüberwindlich, ist die soziale Schicht der Mittelklasse durch einen undurchlässigen Wall von der Glimmer- und Glamourwelt dieser Geldaristokratie getrennt. Es sind ihre Töpfe, in denen die Erträge des Regimes der europäischen Global Player über tausend dunkle oder verdunkelte Kanäle letztlich zusammenfließen. Für sie – nur für sie! – existieren keine Krisen, keine Existenzsorgen, keine Angst vor dem Morgen. Ihre Vermögensdepots sind der Schwamm, der den Reichtum dieses Planeten aufsaugt. Alle anderen könnten jenseits der Kapitalordnung mindestens ebenso gut und in der Mehrzahl weit besser leben als heute, – sicherer, sorgloser, friedlicher und freier.

Ja, Sozialisierung bedeutet Umverteilung von Vermögen und Einkommensansprüchen. Aber sind nicht Umverteilungen, ja Enteignungen auch heute an der Tagesordnung? Werden nicht Tag für Tag unter dem Druck rüder Renditewünsche Millionen Menschen ihrer Arbeitsplätze, ihrer Ersparnisse, ihrer Altersvorsorge, ihrer sozialen Sicherheit und oft genug ihres Lebenswillens beraubt? Was spricht dagegen, diese Enteignung von Millionen einzutauschen gegen eine Umverteilung des Zugriffs auf jene Vielmillionendepots, die ihre Inhaber nicht einmal selbst erarbeitet haben? Aktienanteile von Kleinaktionären jedenfalls, heute Spielball und Manövriermasse der Großen, könnten fortbestehen oder durch Umwandlung in festverzinste Staatsanleihen gesichert werden.

Würden die 500 größten europäischen Wirtschaftskonzerne entflochten und ihre Betriebs- und Vertriebsstätten, ihre Anlagen und ihre Infrastruktur mehrheitlich ins Eigentum jener Länder übergeben, auf deren Territorium sie stehen, bekäme Europa nach innen und außen ein neues Gesicht. Denn dann endlich würden all die Veränderungen möglich, deren Umsetzung bis heute am Widerstand der Konzernlobby scheitert: Eine europäische Einheit, die für einheitliche Lebensverhältnisse steht und nicht für die Einheitlichkeit profitoptimaler Verwertungsbedingungen. Eine europäische Steuerunion, die die nationalen Steuersysteme so reformiert, daß sie sozialen Ausgleich begünstigen statt Ungleichheit zu verstärken. Eine europäische Außen- und Sicherheitspolitik, die nicht der Vorbereitung imperialer Kriege dient, sondern sich für Abrüstung, Gleichberechtigung und

Entwicklung verantwortlich sieht. Eine gemeinsame europäische Verfassung, die mehr ist als ein scheindemokratisches Placebo oder gar – wie die jetzt offerierte – ein Hebel der Entmündigung. Eine europäische Sozialunion, die in allen Ländern hohe Standards fixiert und soziale Rechte verbindlich festschreibt, vom Recht auf Arbeit über Arbeitszeitverkürzung bis zu Mindestlöhnen, die ein menschenwürdiges Leben garantieren, und einer gesetzlichen Sicherung für Krankheit und Alter, die soziale Existenzangst zu einem vergessenen Gefühl werden läßt. Dann endlich könnte nicht nur in Proklamationen und Sonntagsreden, sondern in der Realität aus dem alten, hochgerüsteten, kriegerischen Kontinent ein neuer, sozialer und friedlicher werden, ein freundlicher, lebens- und liebenswerter.

Wer das umsetzen soll? Ja, wird das wirtschaftliche Leben in Europa und auf diesem Planeten etwa von den Kapitalmächtigen, wird es nicht allein von jenen Millionen und Abermillionen Menschen aufrechterhalten, die sich heute noch weitgehend widerstandslos zu Rädchen in einem Getriebe erniedrigen lassen, das zu ihrem Schaden läuft und viele von ihnen irgendwann ins Abseits schleudert! Nichts geht gegen und ohne sie, nichts ginge mehr, wenn diese Menschen sich querstellen, wenn sie ihr Menschenrecht auf ein würdiges, sozial gesichertes Leben ohne Angst einfordern würden!